アクティビストの正体

の正体

対話と変革を促す投資家の戦略

菊地正俊 [著]

中央経済社

はじめに

　私が2020年3月に中央経済社から上梓した『アクティビストの衝撃』は，おかげさまで重版を重ね，アクティビストの実情を書いた類書は他にないとの評価をいただいた。

　上梓から4年経ち，状況も大きく変わってきている。最新状況をアップデートして欲しいというリクエストを，アクティビストの投資対象になっている事業会社や，アクティビストの投資対象の株式を売買する投資家等から受けた。村上ファンド系のターゲットになった企業を担当することが多い西村あさひ法律事務所の太田洋弁護士が，2023年5月に上梓した『敵対的買収とアクティビスト』（岩波新書）はベストセラーになったことも，アクティビストへの関心の高さを示した。太田弁護士は企業をアクティビストから守る立場だが，私はアクティビストと日頃から意見交換しているため，アクティビストの実情をよく理解している。

4年前と大きく変わったアクティビストを巡る環境

　アクティビストを巡る環境が4年前と比べて大きく変わったのは，次の3点だ。

　1つ目は，東証が2023年3月末に資本コストや株価を意識した経営を要請したことが，アクティビスト活動を活発化させたことだ。東証の要請と企業の対応の詳細については，私が2023年12月に上梓した『低PBR株の逆襲』（日本実業出版社）を参照されたい。

　2つ目は，これまでアクティビスト活動の障害になっていた株式持合の解消が加速する兆しが出てきたことだ。日系運用会社の政策保有株式に関する議決権行使基準が厳しくなったことが，持合解消を後押しした。持合解消に消極的だったトヨタグループの企業が，2023年度から持合解消に前向きになってきたインパクトは大きく，日本の資本主義の特徴が変わるかもしれない。大手損保

も金融庁の指導により，政策保有株式を全廃する方針を打ち出した。

　３つ目は，2023年12月に決まった大量保有報告制度の見直しで（正式には金商法改正を待つ必要がある），重要提案行為の定義が明確化されて，機関投資家間の協働エンゲージメントが実施しやすくなることだ。世界最大のアクティビストであるエリオット・マネジメントの現在の日本株担当者は，日系運用会社との対話に積極的なようだ。

　エリオット・マネジメントはHPで運用資産が655億ドル（約9.8兆円）だと明かしているが，通常，アクティビストはヘッジファンド形態を取るため，運用資産は明らかにされないことが多い。多くのアクティビストの投資対象になった東芝は，2023年12月に非上場化された。東芝への投資ではファラロン・キャピタル・マネジメント，エフィッシモキャピタル，３Dインベストメント・パートナーズが大きな利益をあげたと推測される。東芝を利食ったアクティビストの資金が，どこに投資されるか注目される。

事業再編につながるアクションの活発化

　2023年のコーポレートアクションの特徴として，MBO（Management Buy-Out）や上場子会社の完全子会社化が増えたことが挙げられる。M&Aに介入する投資手法は，イベントドリブンと呼ばれる。新興アクティビストのナナホシマネジメントから株主提案を受けた後，焼津水産化学工業は非上場化しようとして一度は失敗した。PBR0.7倍での非上場化はあり得ないと考えた村上ファンド系や３Dインベストメント・パートナーズが，焼津水産化学工業に大量保有報告書を提出した。2023年11月に7,000億円超と過去最大のMBOを実施した大正製薬HDは，マネックス・アクティビスト・ファンドの３位の組入銘柄だった。

　アクティビスト活動が業界再編や事業ポートフォリオの見直しにつながるケースは少なくない。岩谷産業は2023年12月に，村上ファンド系が20％超保有していたコスモエネルギーHDの株式を追加取得すると発表した。古くは，村上世彰氏が2000年に初めて敵対的TOBを行った繊維会社だった昭栄は，2012年にヒューリックと合併し，優良不動産会社になった。2006年に阪神電鉄と阪急HDが経営統合し，現在の阪急阪神HDになったのも，村上ファンドによる

阪神電鉄の株式買い占めがきっかけだった。経産官僚だった村上世彰氏は石油業界の再編に以前から関心を抱いていたようであり，2019年の出光興産と昭和シェル石油の経営統合の際に橋渡しをしたと報じられた。2020年に村上ファンド系が大量保有報告書を提出したホームセンターの島忠は，DCM HDとニトリHDが買収を争って，ニトリHDに買収された。

中堅ゼネコンはキャッシュリッチで低PBR銘柄が多く，業界再編も遅れていることから，アクティビストの投資対象になりやすい。2021年に村上ファンド系が25％の株式を取得した西松建設は，伊藤忠商事が保有株式を取得して筆頭株主になることで，村上ファンド系は保有株式の短期大量譲渡を行った。

4年前と変わらないアクティビストの評判

4年前と変わらないことは，日本ではアクティビストの世の中の評判が依然良くないことだ。結果として，業界再編につながったとしても，アクティビストは私利私欲のために投資していると指摘されることが多い。

村上ファンド系は自らの資金のみを運用するファミリーオフィスであるが，ほとんどのアクティビストは，年金や大学基金等のアセット・オーナーから運用資金を預かるアセット・マネージャーであるため，アセット・オーナーのために利益をあげなければならないフィデューシャリー・デューティー（受託者責任）を負っている。日本にはアクティビストには資金を出さないという年金や生損保等が多いので，多くのアクティビストは海外のアセット・オーナーから運用資金を集めている。

「アクティビストとエンゲージメント・ファンドの区別は曖昧だ」というのは私の持論だが，日本にはアクティビストと呼ばれたくないというエンゲージメント・ファンドが依然多い。2000年代半ばのアクティビストの傍若無人な活動が，その後のアクティビストの悪評につながった。それ以降，アクティビスト活動は一時鎮静化したが，安倍元政権におけるコーポレートガバナンス改革が，現在の第3次アクティビスト・ブームをもたらした。

事業会社はどう対応すべきか，個人投資家はどう見るべきか

本書では，日本におけるアクティビスト活動の歴史や最近の状況，アクティ

ビストごとの特徴や投資先などを記述する。どのような企業がアクティビストの対象になりやすいのか，アクティビストの投資対象にならないために何をすべきかなど，事業会社にとって有益な情報を提供する。

　東証の低PBR改善要請を受けて，エフィッシモキャピタルのみならず，ニッセイアセットマネジメントや三井住友トラスト・アセットマネジメント等も，議決権行使基準にPBRを追加した。このような機関投資家の議決権行使基準の変更も解説する。株主総会でどのような株主提案の賛成率が高かったのかも分析する。

　また，アクティビストのみならず，公募投信の形態を取るエンゲージメント・ファンドも紹介する。東証は投資家との対話状況を開示するように上場企業に要請しているので，その対話状況についても書いた。個人投資家やヘッジファンド向けに，アクティビストの投資対象に提灯を付ける投資手法（「コバンザメ投資」と呼ばれる）についても解説する。

　本書は2024年3月末の株価や為替等に基づいて記述している。為替は1ドル=150円，1ポンド=190円で換算している。本書の内容は筆者の個人的見解であり，筆者の所属する組織のそれでないこと，及び特定の株式や投信等を勧めるものではない。本書のデータや資料収集面で協力してくれたみずほ証券エクイティ調査部の永吉勇人氏，黒崎美和氏，白畑亜希子氏に感謝したい。

2024年5月

菊地正俊

目　次

第 **5** 章　**MBO，親子上場，持合解消** ————————— 81

第 **6** 章　**欧州のアクティビスト** ————————————— 101

第9章 米国のアクティビスト ──────────── 165

第10章 機関投資家のエンゲージメント ────── 191

アクティビストの定義と歴史

1　アクティビストとは？

　アクティビストは「モノ言う株主」という言い方もされるが，ヘッジファンド形態を取り，会社に対して様々な提案をする投資家である。

　元ゴールドマンサックスの清水大吾氏（現みずほ証券のサステナビリティ・エバンジェリスト）は，2023年 9 月に上梓した『資本主義の中心で，資本主義を変える』で，「政策保有株式を持ったり持たせたり，『モノいう株主』というレッテルを貼ることによって，投資家の声を封印してしまっているのは，いわば『資本市場界の鎖国』ということだ。株主が経営に対して口を出すことができるというのは当然の権利だ。『モノ言う株主』という言葉は，『痛い頭痛』と同じくらいおかしな日本語であることを我々は理解しなければならない」と指摘した。米国でアクティビストは投資銀行家やコンサルタント並みのリスペクトを集めているが，日本では過去の不幸な歴史によって，アクティビストと呼ばれたくないという投資家が多い。そのため，会社と積極的に対話するファンドは，エンゲージメント・ファンドとの呼称を使うことが多い。

アクティビストとエンゲージメント・ファンドの差は小さい

　アクティビストとの対話に積極的でないCFOも少なくない中，ニコンの徳成旨亮CFO（現社長）は著書『CFO思考』（2023年 6 月）で，「株主・投資家の中でも最もアニマルスピリッツにあふれ，資本主義の『野生』を残している

1

アクティビスト・ファンドとの対話は，最もエキサイティングでやりがいがある仕事」だと語った。

　私はアクティビストとエンゲージメント・ファンドはファンドの形態が異なるかもしれないが，行為自体にあまり差はないと考えている。アクティビストはアグレッシブである一方，エンゲージメント・ファンドはジェントルマン的な態度という観点で，会社に対する当たり方の強弱はあるかもしれない。日本に参入している海外大手アクティビストは，以前よりも洗練された提案をするようになってきた。

　東証は2023年3月末に「資本コストや株価を意識した経営」の要請を出し，上場企業に対して投資家との対話状況を開示するように求めた。金融庁は2023年12月の大量保有報告制度の見直し案で，重要提案の定義を限定的にし，協働エンゲージメントを行いやすい方向性を打ち出したので，政府・東証がアクティビスト活動を促進しているとも解釈された。

アクティビストからの要請

　私は主要アクティビストの中で，シルチェスターとバリューアクト等とは直接コンタクトしたことがないが，日頃からほとんどのアクティビストに接している。海外アクティビストからの要請には，①株式持合の解消の現況や東証・金融庁による制度変更を英語で説明して欲しい，②株主提案について説明したいので，日系大手運用会社の議決権行使担当者にアポイントを入れて欲しい，③政府機関や経済団体にコーポレートガバナンス改革に関する意見を言いたいので，そうした機会を作って欲しいなどがあった。

　私は長年レポートで，コーポレートガバナンス改革や持合解消の必要性を訴え，機関投資家の議決権行使の結果分析等を行ってきたので，私の正論や分析に共感を抱いたアクティビストが少なくなかったようだ。「法人関係の取引が多い日系大手証券の立場で，客観的な分析がよくできるな」とお褒めの言葉をいただいたこともあったが，証券会社内には各部門間にウォールがあり，アナリストが書くレポートは独立性が保証されている。海外からわざわざ私とのミーティングのために来日してくれるアクティビストもいる。某アクティビストからは，日本拠点を作るのでエンゲージメント担当者の候補者を紹介して欲

しいと依頼されたこともある。

　アクティビストは組織上ヘッジファンド形態を取るが，大量の銘柄を頻繁にロング＆ショートするヘッジファンドと異なり，アクティビストは少数銘柄への集中・長期投資することが多いため，売買回転率が低く，証券会社にとっては良い顧客ではない。しかし，日本の株式市場の改革にはアクティビストが必要との考え方に基づいて，私は中長期的な視点からアクティビストとの対話を続けてきた。

不祥事で業績が大きく悪化したアイ・アールジャパンHD

　アクティビストの定義は曖昧だが，我々は日本に参入しているアクティビスト数については，アイ・アールジャパンHDの決算説明会資料のデータを使わせてもらっている。2015年に上場したアイ・アールジャパンHDは株主判明調査やアクティビスト対策で業績を拡大してきたが，2021年に元副社長によるインサイダー事件が発覚し（2023年10月に東京地裁から有罪判決），会社の信頼が失墜した。売上と純利益は2022年3月期の各々84億円，24億円から，2023年3月期に各々60億円，7億円に急減した。同期間にアクティビスト対応のPA（Proxy Advisory）・FA（Financial Advisor）の大型プロジェクト（5,000万円以上）の売上は，11億円→9億円と減った。DIAMOND onlineによるネガティブな報道が続き，顧客ごとの売上まで報じられた。2023年10月にはアジア開発キャピタルとアジアインベストメントファンドから，損害賠償請求の訴訟の提起を受けた。

　ただ，アイ・アールジャパンHDほど，アクティビスト動向を丹念に調査している会社は他にないと思われる。通常，アクティビストによる株式購入は，大量保有報告書が提出されるか，株主総会招集通知の株主名簿等に掲載されないと外部から分からないが，アイ・アールジャパンHDでは，顧客企業の株主に不穏な動きがあると報告されるので，アクティビスト動向を掴みやすいようだ。大量保有報告制度の見直しで，実質株主の判明が容易になれば，アイ・アールジャパンHDの株主判明調査の事業に悪影響が出る可能性があろう。不祥事の後，アイ・アールジャパンHDに依頼していた株主判明調査等の依頼を三菱UFJ信託銀行系の日本シェアホルダーサービス等に振り替えた企業もある

ようだ。

　アイ・アールジャパンHDによると，2023年12月末時点で日本に参入しているアクティビスト数は70社，株主提案数は71件とともに過去最多になった。

図表1-1　日本に参入しているアクティビストファンド数と株主提案数

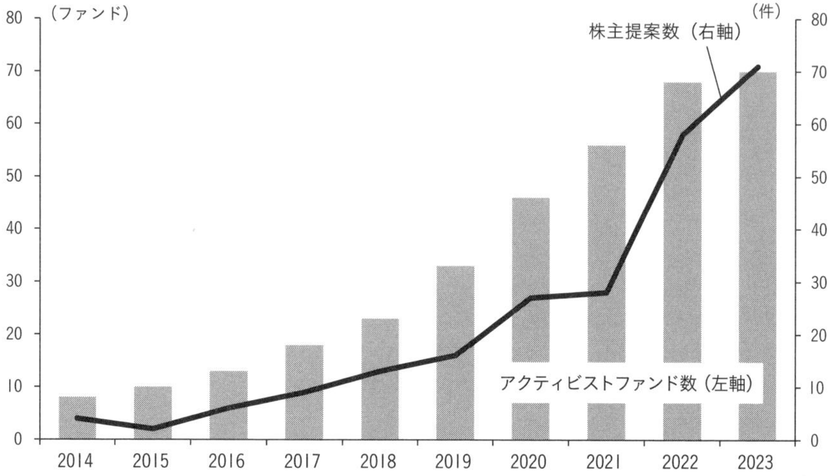

注：日本株投資が明らかになっている国内・海外でアクティビスト活動実績があるファンド。アクティビスト活動を開始していない時期の日本株投資はファンド数に含まない。
出所：アイ・アールジャパンHD資料よりみずほ証券エクイティ調査部作成

2　アクティビストの歴史

　日本におけるアクティビストの歴史を振り返ろう。前書に書いたことなので，前書をお読みいただいた読者は飛ばしていただいても結構だ。

　我々は，日本におけるアクティビスト活動は，1980年代後半の第1次ブーム，2000年代半ばの第2次ブームに続いて，2013年のアベノミクス開始とともに，第3次ブームが始まったと解釈している。第1次ブームを代表するアクティビストはブーン・ピケンズ氏や仕手筋，第2次ブームを代表するアクティビストは旧村上ファンドやスティール・パートナーズだった。第3次ブームでは，村上ファンド系が復活したうえ，海外大手アクティビストの日本市場の参入が進

んだ。

日本株は中長期的な強気相場入り

　私は1986年に大学を卒業して，証券会社に入社した。1年目だけ，支店で研修営業を行ったが，それ以降はずっと調査畑を歩んだ。

　1980年代後半の日本は資産バブルに浮かれていた。1990年代初めは資産バブル潰しのために，日銀が利上げを行っており，外資系証券の先物売り等によって，日経平均が急落した。私は自分が引退するまで，日経平均は史上最高値更新が難しいのではと思っていたが，2024年3月に初の40,000円台に上昇した。

　他国においては，株価指数は右肩上がりで推移するのが一般的であり（近年の中国の株価指数は変調をきたしているが），日経平均のように35年も高値を更新できなかった株価指数は珍しかった。大恐慌時のニューヨークダウでも，25年かけて高値を更新することができた。株主重視が徹底しており，株価低迷を長期間放置しておく経営者は交代を迫られるので，米国の株価指数は10年に1回程度ベアマーケット入りするほかは，右肩上がりの上昇基調を続けている。

　日本株においても，①デフレを脱却し，名目GDP成長率がプラス化してきたので，賃上げしながらも，企業が利益を出しやすい環境になってきた，②東証の要請やアクティビスト活動の活発化を背景とした，企業の資本コストや株価を意識した経営の定着，③日銀が多少利上げしても，実質マイナス金利が持続することで，中長期的な上昇局面に入りつつあると考える。2024年1月からのNISA拡大で，個人投資家も上昇相場に参加した。日本の投資家も米国の投資家のように，株価指数が日常的に史上最高値を更新する新たな時代に慣れる必要があろう。1987年のブラックマンデー，2000年のITバブル崩壊，2008年のリーマンショック，2020年のコロナ危機など大きな危機が十数年に1回訪れたが，長期投資家にとって大きな金融危機は常に良い買い場になってきた。

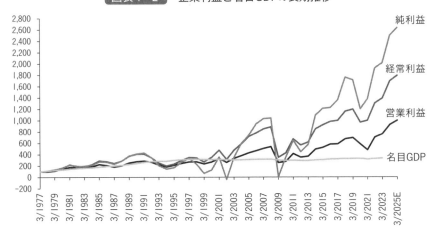

図表1-2　企業利益と名目GDPの長期推移

注：各年度末の東証プライム（2022年３月期までは東証Ⅰ部）上場企業対象（金融業，卸売業，日本郵政を除く）。各年度の売上高変化率を累積し，売上高指数を作成。これに各年度の対売上高比率を乗じ，各種利益指数を作成。基準年度である1976年度の値で割って100を乗じ指数化した。業績予想はみずほ予想，IFISコンセンサス予想，東洋経済予想の順に優先して使用
出所：東洋経済，日経，IFIS，内閣府よりみずほ証券エクイティ調査部作成

(1)　バブル期における第１次ブーム

1980年代後半に事業会社による敵対的買収が増加

　日本経済がバブルの絶頂期だった1980年代後半には，事業会社による株買い占め事件が多数起きた。

　現在も積極的なM&Aで成長するミネベアミツミ（当時はミネベア）は，貝沼由久会長の義父である高橋高見社長時代の1985年に三協精機（現在，ニデックの子会社のニデックインスツルメンツ）の19%の株式を買い集めて，合併や取締役を送り込むことを求めたが拒否された。当時，三協精機は八十二銀行をはじめとする主取引銀行に株式保有を依頼したほか，取引先持株会を発足させて，安定株主を強化した。逆に，ミネベアは米国のトラファルガーと英国のグレン社から買収を仕掛けられて，自らの買収防衛対策に尽力する必要が出たため，1988年に三協精機の株式を全株売却した。

　バブル期に急激に業容を拡大した不動産会社の秀和は，1988〜90年に忠実屋，いなげや，松坂屋，長崎屋，伊勢丹など当時の小売業の株式を次々と買い占め

た。うち33.5％の株式を保有した忠実屋と22.4％の株式を集めたいなげやに対して合併を提案した一方，両社は秀和の提案を拒否して，相互に新株を発行して資本業務提携を行って防戦した。忠実屋の発行価格が市場価格の4分の1，いなげやは同3分の1だったことから，秀和は有利発行だとして東京地裁に新株発行差し止めの仮処分を申請して，認められた。忠実屋は1991年にダイエーに経営支援を要請して合併し，いなげやと業務提携を解消した。秀和の小林茂社長は1988年に西武鉄道グループの堤義明氏，森ビルの森泰吉郎氏に次いで，世界3位の富豪にランクされたが，バブル崩壊とともに経営が悪化し，秀和は2005年にモルガンスタンレーに買収された。ダイエーは2015年にイオンの完全子会社となり，イオンは今もいなげやの筆頭株主にもなっている。

　現在，松坂屋はJ.フロントリテイリング，伊勢丹は三越伊勢丹HDの傘下にある一方，長崎屋はパン・パシフィック・インターナショナルHD（当時はドン・キホーテ）に買収された。

バブル期に闊歩した仕手集団は現代版アクティビスト

　1980年代後半の日本では，アクティビストという言葉が定着していなかった一方，仕手集団という言葉が使われていた。

　当時，仕手集団として有名だった小谷光浩代表が率いるコーリン産業（後に光進に社名変更）が行った行為は，現代に引き直せば，アクティビスト活動とみなされただろう。

　コーリンは，1987年に蛇の目ミシン工業の株式を20％超買い占めて筆頭株主になったことで，蛇の目ミシン工業は小谷代表を非常勤取締役に迎えた。1989年に蛇の目ミシン工業のメインバンクだった埼玉銀行（現りそな銀行）の関係会社が光進の保有株式を買い取ったことで，光進は200億円以上の利益をあげたとされたが，小谷代表は藤田観光の株価操作事件で証券取引法違反で逮捕され，1991年に蛇の目ミシン工業への恐喝の疑いでも再逮捕された。バブル崩壊で資金繰りに困った小谷代表は，蛇の目ミシン工業に対して「株の買い取りに応じなければ，全株を暴力団関係者に売り渡す」と脅した容疑が持たれた。蛇の目ミシン工業は現在もジャノメとして上場しており，りそな銀行は3位の株主になっているが，長期にわたって業績は低迷している（2022年度も最終赤

字）。

1988年にコーリンは，国際航業の創業者間での内紛に付け込んで株式の4割以上を買い占め，臨時株主総会で委任状争奪戦を行った結果，コーリンが代表取締役の地位を獲得したが，小谷代表の逮捕で光進側の取締役4人が辞任した。

1980年代後半にタクマ，日本ドリーム観光（1993年にダイエーが買収），東海興業（1997年に倒産）などの株式を買い占めた池田保次代表が率いたコスモポリタンは，コーリンと並ぶ仕手集団として恐れられた。コスモポリタンは1987年にタクマの株式を32％まで買い集めた一方，タクマは第三者割当増資を行い，コスモポリタンの持株比率を引き下げた。コスモポリタンは大阪地裁に新株発行差し止めの仮処分を申請したが，却下された。1988年の臨時株主総会でコスモポリタンは取締役8名の選任を求めたが，取締役の選任は認められなかった。その後，コスモポリタンの経営は急速に傾き，池田会長は失踪し，1988年にコスモポリタンは破産した。国際航業は日本アジアグループ傘下に入った後にMBOを試みたところ，村上ファンド系の介入を招き，2021年に上場廃止になった。

ブーン・ピケンズ氏が小糸製作所に投資

1980年代後半のバブル期には，何倍にも上昇する仕手株が多く現れたが，トヨタ系自動車部品会社の小糸製作所の株価も，1987年4月の510円から1989年3月の5,470円へと10倍以上に上昇した。

1989年3月に米国のグリーンメイラーとして有名なブーン・ピケンズ氏が小糸製作所の20％強を保有する筆頭株主になったが，小糸製作所はピケンズ氏の株式取得に外為上の疑義があるとして，名義書き換えを留保した。ピケンズ氏は6月に東京地裁に帳簿等閲覧謄写請求を求める仮処分申請を行ったが却下され，定時株主総会の動議で行った取締役4名の選任要求も却下された。1990年も株主提案権の行使と総会検査役選任の申請も行ったが，株主総会でピケンズ氏が提案した7議案は全て否決された。

小糸製作所は「ピケンズ氏は投資リスクを負担した真の株主ではなく，グリーンメイルを行った麻布グループのために活動しているにすぎない」，「ピケンズ氏は経営に参加したい旨の発言をし，自らを小糸製作所の取締役に選任す

るように求めているが，ピケンズ氏の同種企業経営経験の欠如や株式取得動機の不自然性等から見て，経緯参加要求は真摯なものとは考えられず，グリーンメイルのための圧力手段に過ぎない」と主張した。ピケンズ氏保有の小糸製作所株は，1991年6月に質権実行により麻布グループが取得し，1993年に三井信託銀行（現三井住友信託銀行）が麻布グループに対する担保権行使により小糸製作所株を取得し，その後信託方式や売り出しによって同株を処分した。

ピケンズ氏は，米国ではガルフ・オイル，フィリップス石油，ユノカルなどエネルギー企業へのテイクオーバー・ビットで知られ，"Oracle of Oil"（石油の神）とも呼ばれた。1990年代も米国で株主価値を最重視するコーポレート・レイダーとして活躍したが，小糸製作所以外の日本株には投資しなかった。株式持合が多く，メインバンクとの関係が深く，コーポレートガバナンス意識が低かった1990年代の日本企業への投資では儲からないと考えたためだろう。ピケンズ氏は2019年に91歳で亡くなった。

(2) 2000年代半ばの第2次ブーム

2000年代半ばに村上ファンドやホリエモンが暗躍

日本における近代的なアクティビスト活動は，2000年に村上ファンド（当時の資産運用会社はエムエイシーと呼ばれた）の村上世彰氏が行った昭栄（現ヒューリック）の敵対的TOBに始まった。

昭栄は2012年に同じみずほ系の不動産会社ヒューリック（旧日本橋興業）と合併して優良不動産会社に変わったが，当時は不動産と電子部品というシナジーがない事業を行っており，保有していたキヤノン株の含み益の大きさも，村上ファンドに目を付けられた理由だった。村上世彰氏は昭栄のTOBに失敗した後，「敵対的TOBに対する世の中の反応を見るために，実験的にやってみた」と述べた。私は2000年に村上世彰氏の昭栄への初のTOBなどを材料に，『TOB・会社分割によるM&A戦略』（東洋経済新報社）を書いている。

2000年代に村上世彰氏が手掛けた企業には，東京スタイル（現TSI HD），ニッポン放送（現フジ・メディア・HD），阪神電気鉄道（現阪急阪神HD）などがあった。当時，堀江貴文氏（愛称：ホリエモン）が経営していたライブドアが買収を目指したニッポン放送株の取引を巡って，村上世彰氏と堀江貴文氏

がインサイダー取引で逮捕されて有罪になったことや，両者とも一般社会を敵に回すような奔放な発言を行ったことで，日本におけるアクティビストの評判が悪化した。

村上世彰氏は罰金刑で済んだが，堀江貴文氏は約2年半にわたって刑務所に収監された。堀江貴文氏は獄中体験を『刑務所なう ホリエモン獄中日記504日』（2014年）などに表した。

村上世彰氏は有罪確定後にシンガポールに移住して，不動産投資等を行っていたようだが，アベノミクスの開始とともに，日本株のアクティビストとして復活し，個人の日本人アクティビストとして最も成功を収めた。堀江貴文氏も，刑期を終えた後に実業家及び芸能人として活躍するようになった。ライブドアは堀江貴文氏が経営から退いた後も，ニュースサイトの運営会社として存続し，2022年にLINEヤフーからミンカブ・ジ・インフォノイドに約70億円で譲渡された。

濫用的買収者と認定されたスティール・パートナーズ

2000年代半ばに，米国アクティビストのスティール・パートナーズの脅威が日本株式市場で猛威を振るった。旧村上ファンドと並んで，スティール・パートナーズも日本におけるアクティビストの評判を落とした要因になった。資産活用が非効率的な企業に対して，大幅な株主還元要求だけでなく，買収提案，社長解任要求まで行った。2008年にはアデランスの社長解任に成功した。

▶ブルドックソースを巡る攻防

2007年のブルドックソースに対するTOBでは，株主総会で承認された買収防衛策を巡って訴訟になり，スティール・パートナーズは東京高裁で「濫用的買収者」の烙印を押された。買収防衛策は抜かずの刀のままがよいとされるが，ブルドックソースで買収防衛策が初めて発動され，スティール・パートナーズの買収の試みが排除されたことで，日本におけるM&Aの進展が遅れることになった。

スティール・パートナーズのウォレン・リヒテンシュタイン代表は，ブルドックソースの池田章子社長（当時）から，「ソースが何から作られているか

知っているか」と尋ねられ，「私はソースが嫌いだからよく分からない」，「水だ。想像するに水が相当入っていると思う」と答えて，国内投資家を唖然とさせた。同代表は来日時に，「日本の経営者や株主を教育したい」と上から目線で述べたことも反発を買った。2007年にブルドックソースは，スティール・パートナーズに買収後の経営計画など79項目にわたる質問状を送ったが，スティール・パートナーズは買収後の経営計画について「自ら経営を行う意図はない」と回答し，経営への理解不足を印象づけた。

　スティール・パートナーズのブルドックソースへのTOBでは応募株式が僅か1.9％にとどまった。ブルドックソースも業績低迷や非効率的な資本活用が批判されるべきだったが，投資先企業の事業内容も理解せずに買収しようとしたスティール・パートナーズは「悪い株主」とみなされた。私は2016年に『良い株主　悪い株主』（日本経済新聞出版社）との本も上梓した。ブルドックソースは買収防衛を巡る攻防で勝利したが，訴訟関連費用が当時の年間営業利益に匹敵する6億円に及んだ。買収防衛策発動に伴うスティール・パートナーズへの支払いも21億円に達し，2008年3月期に19億円の最終赤字に陥った。買収合戦で最も得したのは，弁護士事務所との見方が出た。

　今もプライム市場に上場しているブルドックソースの2023年3月期の営業利益は当時を下回る4.3億円だが，ブルドックソースの業績が長期低迷したのは，スティール・パートナーズへの支払いで設備投資資金が失われたためという指摘と，スティール・パートナーズの買収の試みから逃れたことで，逆に経営のディシプリンが失われてぬるま湯の経営に陥ったからという相反する見方があった。

　スティール・パートナーズと長年にわたって対決した池田章子社長は，2000年に生え抜きとして社長に就任した後，2017年に会長に就任した直後に死去したが，「スティール・パートナーズの件はお墓に持っていく」と語っていた。池田元社長は「株主はもちろん大切だが，会社は社会から認められ，支えられて成り立つ存在でもある」とも述べていた。

▶スティール・パートナーズが一時経営権を握ったアデランスは経営が混乱

　スティール・パートナーズは，2007年のピーク時には日本株約30銘柄に約

4,000億円を投資していたが，リーマンショックに伴う株価急落で運用パフォーマンスが悪化し，日本株から撤退した。スティール・パートナーズが最後まで保有していた銘柄が，株主総会での議決権闘争を経て経営権を獲得したかつらメーカーのアデランスだった。アデランスは2016年に，投資会社のインテグラルと組んでMBOで上場廃止になった。アデランスのケースは，①村上ファンドに社外取締役を送り込まれた黒田電気も含めて，アクティビストの株主提案が通った企業は上場廃止が最終的な逃げ道になること，②事業に対する知識がないアクティビストが経営権を握っても，経営は良くならないこと，③業績が悪化している企業がアクティビストの投資対象になることが多い中で，業界環境が好転するか，経営陣による強いイニシアティブでの経営改革が行われないと，業績好転は容易でないことを示した。

　スティール・パートナーズがアデランスに対して，5％の大量保有報告書を提出したのは2004年10月だったので，スティール・パートナーズとアデランスの闘いは10年以上に及んだ。アデランスは2007年5月の株主総会で買収防衛策を導入したが，スティール・パートナーズはアデランスの株式を29％まで買い増し，2008年5月の株主総会で岡本孝善社長（当時）ら取締役7人の再任を否決した。

　スティール・パートナーズはアデランスに対して，①経営陣の退陣，②ゴルフ場等不動産の売却，③他社との経営統合を求めていた。29％の株式を保有したスティール・パートナーズに加えて，11％の株式を保有していた米国バリューファンドのドッチ＆コックス，アデランスの業績低迷に不満を持つ他の外国人投資家や個人投資家が会社提案の反対に回った。

　アデランスは2008年8月に臨時株主総会と取締役会を開き，女性用かつら子会社のフォンテーヌ社長の早川清氏を社長とし，スティール・パートナーズが推薦した同ファンドのマネージング・ディレクターと元三菱商事社長等の7人の取締役を選任した。

　2009年5月の株主総会で，会社側候補が一部否決された一方，スティール・パートナーズが推薦した候補者が全員選任された。スティール・パートナーズが実質的に経営権を握り，買収防衛策も廃止された。その後，アデランスは社長が頻繁に変わり，社名も一時ユニヘアーに変えたが，業績悪化に歯止めがか

からず，2011年2月に創業者の根本信男会長が社長に復帰し，社名もアデランスに戻した。スティール・パートナーズは2014年12月までにアデランス株の大半を売却して，日本株投資から撤退した。

▶スティール・パートナーズがきっかけで経営統合した明星食品と日清食品

　村上ファンドの株買い集めで統合した阪急阪神HDをはじめ，アクティビストに株式を買い集められた企業が，ホワイトナイトとして他社と統合する事例は少なくない。アクティビストとしても，買い集めた株式をホワイトナイトとして現れた事業会社に高値で買ってもらえば，利益を持って売り抜けることができる。

　2007年に即席麺4位の明星食品が，最大手の日清食品の完全子会社になったのも，スティール・パートナーズの株買い集めがきっかけだった。スティール・パートナーズが明星食品の株式を割安感があるとして，創業家等から株式を取得し，保有比率が10.2％の筆頭株主になったことが判明したのは2003年11月だった。2004年12月にスティール・パートナーズの黒田賢三日本代表（当時）が明星食品の社外取締役に就任し，スティール・パートナーズが日本企業に社外取締役を送り込む最初で最後の事例になった。その後，スティール・パートナーズは明星食品の保有比率を23％まで引き上げ，2006年3月末にMBOを提案したが拒否されたため，2006年6月に社外取締役を引き揚げ，2006年10月にTOBを開始した。TOB価格は発表前日の株価に15％プレミアムを付けた700円だった。これに対して，ホワイトナイトとして現れた日清食品が明星食品と資本業務提携で合意し，2006年11月に870円で対抗TOBを開始した。

　経営権取得を目指すTOBは，アクティビストやイベントドリブンのヘッジファンドの介入を招きやすいが，村上ファンドも2004年7月～12月に明星食品株を保有し，スティール・パートナーズと同じMBOの提案に加えて，本社ビルや持合株の売却などを求めた。明星食品は工場閉鎖や子会社の整理・統廃合を行ったが，永野博信社長（当時）はファンドの圧力のせいではなく，以前から決めていたリストラ策だと述べた。

　TOB価格の違いから，スティール・パートナーズのTOBへの応募がゼロ

だった一方，日清食品のTOBにはスティール・パートナーズも応募し，日清食品の明星食品の持株比率は86.3％に高まり，2007年3月に完全子会社化した。スティール・パートナーズは明星食品の全株式を売却した一方，日清食品株を19％保有し，2008年4月にゴルフ場などの資産売却や自社株買いなどを求めたが，リーマンショック後の後遺症もあり，2009年5月に5％未満に保有比率を引き下げた。

　日清食品HDは2016年度から5カ年の中期経営計画で，2020年度に時価総額1兆円，ROE8％以上などの目標を掲げた。日清食品では株価が前月比で上昇したか下落したかで社員食堂のメニューを変えることで，社員に株価を意識させているとも報じられた。その後，日清食品HDは海外事業も成長させて，2022年度ROE10.7％を達成し，時価総額も1.3兆円を超えるようになった。

英国のザ・チルドレンズ・インベストメントは日本から撤退

　英国の大手アクティビストのザ・チルドレンズ・インベストメント（TCI）は，クリストファー・ホーン氏によって2003年に創立された。TCIは依然として英国では大手アクティビスト・ファンドであり，億万長者のクリストファー・ホーン氏が2014年に離婚した際に，3.4億ポンド（当時の為替で約600億円）を離婚した妻に支払ったことで話題になった。

　TCIは2007年に電源開発の株式の9.9％を保有し，増配（2017年3月期の配当を会社計画60円→130円への引き上げ）や非常勤取締役の受入れを要求した。TCIは「電源開発の配当は他電力に比べて低い。配当利回りを高めることは日本の投資家の利益にもなる。日本は金利が低く，財務戦略で外部負債を増やせば，資金コストを下げられ，キャッシュフローを増やす余地がある」と主張した一方，電源開発は「事業は長期間の操業を通じて，投資回収を図ることが最大の特徴であり，株主還元は安定配当を継続する」と反論した。

　電源開発は株式の外国人保有比率が41％に達していたため，2007年6月の株主総会でTCIの株主提案が可決される可能性もあったが，TCIの増配提案に対する賛成率は30％強にとどまり，否決された。TCIは他株主に増配提案への支持を訴える手紙を出し，証券会社のセミナーでも話したが，支持は広がらなかった。TCIは株式を買い増したい意向だったが，安全保障に関わる業種の株

式の10％超を買う場合は政府の事前審査を必要とする外為法の規制によって，買い増すことができなかった。TCIは現在に至るまで，外為法によって日本株の買い増しが否定された唯一のアクティビストになっている。

TCIは2017年6月の株主総会で，1.4％の株式を保有した中部電力に対しても60円から90円への増配を提案したが，賛成が1割程度しか得られず，否決された。TCIは2008年に電源開発株を売却後に，2011〜2013年にJTに対して，社長辞任や株主還元増加の要求を行ったが，拒否された。TCIはJT株の僅かしか保有していないと報じられたが，JT株は外国人保有比率が36％に達していたことから，他の外国人投資家の賛同を期待したのかもしれない。しかし，2013年6月の株主総会における会社提案に対する賛成率は81％に達した。

TCIは今も欧州で活発なアクティビスト活動を行っているが，日本株投資は行っていないようだ。TCIはHPで，バリュー志向のファンダメンタルズ重視の投資家であり，持続可能な競争優位性を持った強い企業にグローバルに投資すると謳っている。TCIは必要な時にはアクティビズムを用いて結果を引き出す，アルファを最大化するために，集中した投資を行うとしている。TCIはHPでエンゲージメント先としてエアバス，アルファベット，通信のCellnexを挙げている。

(3) 安倍政権下でのコーポレートガバナンス改革が第3次ブームのきっかけ

2012年12月に安倍政権が発足し，コーポレートガバナンス改革を推進したことに加えて，異次元の金融緩和や円安で株価が大きく上昇したことで，内外アクティビストの活動が活発化した。シンガポールに移住し，日本株投資から遠ざかっていた村上世彰氏も日本株投資を復活した。

2014年8月に発表された『伊藤レポート』は，日本は長期投資家不在の「資産運用後進国」だと指摘したうえで，資本コストを上回るROEを，そして資本効率革命が必要だと述べた。『伊藤レポート』は，「個々の企業の資本コストの水準は異なるが，グローバルな投資家から認められるには，まずは第一ステップとして，最低限8％を上回るROEを達成することに各企業はコミットすべきだ。それはあくまで最低限であり，8％を上回ったら，また上回ってい

る企業はより高い水準をめざすべきだ」と主張した。

　2014年2月に制定されて2回にわたって改訂されたスチュワードシップ・コードは，「機関投資家は投資先企業との建設的な目的を持った対話を通じて，投資先企業と認識の共有を図るとともに，問題の改善に努めるべきである」と規定した。2015年6月に制定されて，その後2回にわたって改訂されたコーポレートガバナンス・コードは原則5－2で，「経営戦略や経営計画の策定・公表に当たっては，自社の資本コストを的確に把握した上で，収益計画や資本政策の基本的な方針を示すとともに，収益力・資本効率等に関する目標を提示し，その実現のために，事業ポートフォリオの見直しや，設備投資・研究開発投資・人定資本への投資等を含む経営資源の配分等に関し，具体的に何を実行するのかについて，株主に分かりやすい言葉・論理で明確に説明を行うべきである」と規定した。これらのコードを表面上コンプライしているとしていた企業が多かったものの，実際には実施していなかったことが，東証の2023年3月末の資本コストや株価を意識した経営の要請につながった。

図表1－3　アベノミクス以降のコーポレートガバナンス

日時	イベント
2012年12月	安倍政権が発足
2014年1月	NISA制度がスタート
2014年2月	日本版スチュワードシップ・コードが導入
2014年8月	「伊藤レポート」が8％ROEを求める
2015年6月	コーポレートガバナンス・コードの導入
2017年5月	日本版スチュワードシップ・コードが改訂
2017年11月	東京都が「国際金融都市・東京」構想を発表
2018年6月	コーポレートガバナンス・コードの改訂
2019年度	有報における政策保有株式の開示が厳格化
2020年3月	日本版スチュワードシップ・コードが再改訂
2020年9月	菅政権が発足 「人材版伊藤レポート」が公表
2021年6月	コーポレートガバナンス・コードが再改訂
2021年10月	岸田政権が発足
2022年4月	東証の市場構造の見直し

2022年7月	東証の「市場区分の見直しに関するフォローアップ会議」を設立
2022年10月	TOPIXの見直しがスタート
2023年3月	東証が資本コストと株価を意識した経営を要請
2023年4月	金融庁が「コーポレートガバナンス改革の実質化に向けたアクション・プログラム」を発表
2023年度	有報における人的資本の開示が厳格化
2023年8月	東証が「資本コストや株価を意識した経営の実現に向けた企業の対応状況」を発表 経産省が「企業買収における行動指針」を決定
2023年12月	政府が「資産運用立国実現プラン」を策定
2024年1月	NISA制度が拡充
2024年4月	四半期報告書が廃止
2024年夏	アセットオーナー・プリンシパルを策定
2024年中	大量保有報告制度の見直し
2025年1月	TOPIXの見直しが終了
2025年3月	プライム市場の上場規準の猶予措置の期限

出所：みずほ証券エクイティ調査部作成

アベノミクス初期のガバナンス改革の象徴になったファナック

　長年，ファナックは高収益だが，投資家のためのWEBサイトもなく株主軽視で，現預金を貯め込んで株主還元が不十分な企業とみられてきた。

　地方に本社がある企業は，東京で投資家向けの説明会を開催することが多いが，ファナックは基本的に株主やアナリストへの取材は，山梨県忍野村の本社で対応し，株式を持っていない投資家へは積極的な対応をしてこなかった。外国人保有率が50％を超えるファナックに対しては，IR体制や株主還元に不満を持っている投資家が多かったと推測された。

　米国大手アクティビストのサードポイントはファナックの株式を取得し，2015年2月にファナックに書簡を送って，1株当たりの価値を高める株主還元策を実行すべきだとし，約8,000億円に積み上がった現預金で自社株買いを行うように求めた。サードポイントのファナックの保有比率は5％未満だったが，ファナックは2015年4月に配当性向を30％から60％に引き上げると同時に，機動的な自社株買いを実施して，2015年3月期から5年平均で総還元性向を最大80％に引き上げると発表した。

ファナックは2014年４月にSR（シェアホルダー・リレーションズ）部を設置した。ファナックは株主還元だけでなく，設備投資も増やした。余剰資金を手元に残しておくとアクティビストに責められることを恐れて，無駄な設備投資も行ったので，ROICが下がってしまったという指摘と，ファナックの利益率やROICが大きく下がったのは，スマホ特需の消滅が主因であり，ファナックは10～20年先を睨んで長期投資していると擁護する意見があった。

　サードポイントは2013年にソニーグループにエンタメ部門の分離，2019年に半導体部門の分離を要求したが，ともに受け入れられず，日本株でその後，音沙汰がなくなった。

第 **2** 章

東証の資本コストを意識した
経営の要請とアクティビストの反応

1　東証の要請がアクティビスト活動を活発化

　東証は2023年 3 月31日に「資本コストや株価を意識した経営の実現に向けた対応について（案）」を発表し，プライム・スタンダード市場の上場企業に対して，「資本コストや株価を意識した経営の実現に向けた対応等に関するお願いについて」を通知した。日本の上場企業は約半数がPBR 1 倍割れとなっている中，東証の要請は唐突感があったが，2022年 4 月に実施した市場構造の見直しの評判が芳しくなかったため，そのリカバリーショットとみなされた。東証によるこの通知がアクティビスト活動を活発化させた。

　対象とされた企業には，①現状分析→②計画策定・開示→③計画の実行のPDCAを回すことが求められた。①では自社の資本コストや資本収益性を的確に把握し，その内容や市場評価に関して，取締役会で現状を分析・評価，②では改善に向けた方針や目標・計画期間，部隊的な取り組みについて検討・策定し，その内容について投資家に分かりやすく開示，③では計画に基づき，資本コストや株価を意識した経営を推進し，投資家との積極的な対話を実施する。開始時期の定めはなかったが，できる限り速やかな対応が求められた。東証は①での取締役会での議論の必要性を強調した。開示を行う書類・フォーマットの定めもないが，経営戦略や経営計画，決算説明資料，自社ウェブサイト，上場維持基準に向けた計画などが例示された。いずれの形式で開示した場合も，コーポレートガバナンス報告書への記載が求められた。

PBR1倍超の企業の対応が少なかったこともあり，東証は2023年10月中旬に上場会社に対して，①既にPBR1倍超でも，株主・投資家の期待を踏まえつつ，さらなる向上に向けた取り組みが期待されること，②「検討中」とする場合でも，検討状況や開示時期について可能な限り具体的な説明が期待されること，③要請に基づく開示を行っている場合には，コーポレートガバナンス報告書に「資本コストや株価を意識した経営の実現に向けた対応」というキーワードを記載することを通知した。

図表 2 - 1 PBR1倍割れ企業の比率の推移

注：BPSは四半期ベース。2024年4月12日時点
出所：日経よりみずほ証券エクイティ調査部作成

アクティビストが東証のPBR対策を評価

2023年4月23日の日経ヴェリタスは『目覚める万年割安株』という記事で，「前門のアクティビスト，後門の東証が対応迫る」と指摘した。前者ではあまりマスコミに出ることがない村上ファンド系の村上絢氏（村上世彰氏の長女）のインタビューを掲載した。村上家では長男の貴輝氏も2023年2月に，旭ダイ

ヤモンド工業に初めて個人名で大量保有報告書を出しており，アクティビスト
が家業になっていることを印象づけた。

　村上絢氏は「東証によるPBRの改善を上場企業に求めた要請は，グローバル
でも過去に例がなく，投資家目線で素晴らしいことだ。企業の価値観は相当変
わるはずだ。日本の資本市場改革は5年くらい早まるのではないか。東証の要
請は，株価が低いのは経営者のせいと指摘しているのと同じだ。株価をもっと
意識して経営するよう経営者に求めている」と語り，東証の施策を評価した。
また，村上絢氏は「低PBRから抜け出すには，株式持合を解消して株主構成を
変えることも必要だ」と語った。

　2023年6月の株主総会で7社に株主提案を行ったダルトン・インベストメン
ツは，自社HPに掲載した "Price-to-Book is Back" で，「東証の目的をサポー
トするために，2022年12月に保有する全企業に対して，資本配分，取締役会の
ダイバーシティ，経営者報酬などの改善を求めるレターを送った」と述べた。
ダルトン・インベストメンツは戸田建設への株主提案の中で，「東証から2023
年3月31日に発表された『資本コストや株価を意識した経営の実現に向けた対
応について』にも記載がある通り，PBR1倍割れは資本コストを上回る資本収
益性を達成できていない，またはバランスシートが効果的に価値創造に寄与す
る内容になっていないことが，継続的にPBR1倍割れする要因だと考えられ
る」と，ファイナンスの教科書的なことを述べた。

<figure>

図表2-2　東証の要請に言及したアクティビストの2023年の株主提案

コード	会社名	提案者	議案番号	提案内容	賛成率（%）
1860	戸田建設	ダルトン・インベストメンツ	6	株主還元	23.8
3431	宮地エンジニアリンググループ	ESG投資事業組合	4	株主還元	38.8
4973	日本高純度化学	ひびきパース	7	定款変更	25.6
5021	コスモエネルギーHD	シティインデックスイレブンス	6	役員選任	25.9
5357	ヨータイ	キャピタルギャラリー	8	株主還元	33.6
5830	いよぎんHD	NA	12	定款変更	2.1
5844	京都FG	シルチェスター	6	株主還元	20.0

</figure>

5852	アーレスティ	NA	3, 4, 5	定款変更	15.7〜34.0
5930	文化シヤッター	ストラテジックキャピタル	6, 8, 10	株主還元, 定款変更	11.5〜21.5
5947	リンナイ	ダルトン・インベストメンツ	5	株主還元	10.9
6809	TOA	ダルトン・インベストメンツ	6	株主還元	14.2
7226	極東開発工業	ストラテジックキャピタル	6, 7, 9	株主還元, 定款変更	16.1〜24.4
8358	スルガ銀行	NA	3	その他	2.4
8368	百五銀行	NA	4, 5	株主還元	21.9〜22.0
8524	北洋銀行	NA	4	株主還元	16.5
8616	東海東京フィナンシャル・HD	NA	9	定款変更	8.1
9413	テレビ東京HD	リム・アドバイザーズ	8, 9, 10, 11	株主還元, 定款変更	6.5〜11.3
9507	四国電力	NA	4	株主還元	5.3

注：このリストは推奨銘柄でない
出所：各社発表資料よりみずほ証券エクイティ調査部作成

2023年末時点で東証の要請に応えたプライム企業は4割

　東証は2024年1月15日に資本コストや株価を意識した経営の要請に応えた企業のリストを発表した。東証は，2023年12月末時点でコーポレートガバナンス報告書をテキストマイニングを使って分析し，「資本コストや株価を意識した経営に向けた対応」とのキーワードが記載されている場合は「開示済」とカウントしたものであるとし，その内容は問わなかった。プライム企業で「開示済」だった企業の割合は40％，「検討中」だった企業は9％と，2023年7月14日時点の各々20％，11％より高まった。

　東証はこのリストを2024年1月より毎月15日頃にアップデートしている。プライム企業の開示率は2024年3月末に54％に高まったが，スタンダード企業の開示率は16％にとどまった。時価総額が大きい企業ほど，対応する経営リソースがあるので，開示率が高い傾向が続いている。東証は2023年10月にPBRが1倍を超えていても対応が必要と通知したが，PBRが1倍以上の企業の開示率はPBR1倍未満の企業の開示率を大きく下回った。

　2023年末時点でプライム企業の開示率が高かった業種は銀行の82％，保険の

78％，証券が68％と，金融業がトップ３を占めた。一方，水産農林が17％，ガラ土が22％，サービス業が27％，情報通信が28％などと低かった。サービス業と情報通信の開示率が低いのは，PBRが高い業種であるためだろう。東証の要請に応えなくてもペナルティはなく，東証は企業と投資家の対話を通じて，資本コストや株価を意識した経営が日本企業に定着することを期待している。外国人投資家からは，東証は要請ではなく，開示を義務化すべきとの意見が時々出される。

図表2-3 時価総額，PBR別のプライム企業の東証要請への対応状況

		PBR	
		１倍未満	１倍以上
時価総額	1,000億円以上	89%（+11pt） 取組み開示：76%（+11pt） 検討中：13%（+１pt） n=275社（-17社）	66%（+20pt） 取組み開示：59%（+18pt） 検討中：7%（+２pt） n=539社（+57社）
	250〜1,000億円	71%（+12pt） 取組み開示：56%（+９pt） 検討中：18%（+４pt） n=306社（-46社）	47%（+16pt） 取組み開示：39%（+16pt） 検討中：9%（+０pt） n=365社（+35社）
	250億円未満	53%（+16pt） 取組み開示：39%（+10pt） 検討中：15%（+６pt） n=75社（-17社）	40%（+18pt） 取組み開示：34%（+18pt） 検討中：6%（+０pt） n=90社（-18社）

注：2024年３月末時点のコーポレート・ガバナンス報告書等の内容に基づき集計。カッコ内の数値は2023年12月末時点からの変化
出所：東証よりみずほ証券エクイティ調査部作成

「資本コストや株価を意識した経営」の開示好事例

東証は2024年２月１日に「投資家の視点を踏まえた『資本コストや株価を意識した経営』のポイントと事例」を発表した。東証は2023年３月末の要請発表以降，90社超の投資家と面談したという。

好事例として，対応策が優れていると我々がレポートで挙げていたINPEX，トレンドマイクロ，SWCC，テクノスマート，コンコルディアFG，丸文，三陽商会，稲畑産業，日本瓦斯，丸井グループ，セイノーHDが選ばれた。プラ

イム市場の企業のみならず，スタンダード市場からも福井県のスーパーセンターであるPLANTや，フィンテックグローバルが選ばれた。

　好事例として選ばれた企業には，アクティビストやエンゲージメント・ファンドの投資先企業もあった。例えば，東洋製罐グループHDは2021年に香港のオアシスから株主提案を受けたほか，英国のマラソンアセットマネジメントが2024年5月まで大量保有報告書を提出していた。東洋製罐グループHDは東証から時系列の分析や業種平均値との比較分析等が評価されたが，過去5年の平均ROEは3％未満である。ありあけキャピタルが17％を保有する千葉興業銀行も好事例に選ばれた。低PBR対策の発表への評価は一旦株価に織り込まれた形になるため，今後はその実行性が問われる。

　東証は，①PBRが1倍超で対応は必要ないと考えている企業，②市場評価はマーケットが決めるものと考え，ROEが目標値を超えていればよしとする企業，③株主資本コストを所与のものと捉えて，全くコントロールできないと誤解している企業等は望ましくないと指摘したものの，ダメな企業の例示はなかった。③の株主資本コストの低減に向けた努力では，半導体商社の丸文のサステナビリティ経営，ガバナンス強化，エンゲージメント強化，フィンテックグローバルの業績ボラティリティの低減，積極的なIR活動や情報開示の事例が挙げられた。規模が小さい企業は機関投資家のエンゲージメントの対象にならないうえ，サステナビリティ経営に対する市場の関心は低下しているため，資本コストの低減は難しい課題である。

アクティビストの投資先企業の東証の要請に対する対応状況

　アクティビストの投資先企業からは，東証の要請への真摯な対応が目立った。

　2023年6月の株主総会で，オアシスから株主提案を受けた熊谷組は2024年1月のコーポレートガバナンス報告書で，「2023年度を最終年度とする中期経営計画でROE12％以上，配当性向30％目途を財務目標の1つとして，経営基盤の強化と事業収益の拡大に向けた取り組みを実施している。事業投資において資本コストを意識しながら最適な経営判断を行うとともに，自己株式の取得・消却や適切かつ安定的な配当政策などを実施している」と書いた。

　同様にオアシスから2019〜2020年に株主提案を受けた安藤・ハザマもコーポ

レートガバナンス報告書に，「当社はリスクフリーレートや市場リスクプレミアム，WACCと定期的に算出し，把握している。資本効率の高いROEを重視し，中期経営計画ではエクイティ・スプレッドを意識したROEをKPIとして設定している。バランスシートや株主等との対話の充実を図り，市場評価の改善や資本効率の向上を意識した経営を実践していく」と記載した。

　ストラテジックキャピタルから2022年まで4年連続で株主提案を受けた世紀東急工業はコーポレートガバナンス報告書で，「当社では従前より資本コストの把握に努めており，これらは中期経営計画の策定，あるいは日頃の業務執行における重要な投資判断等においても活用されている。」と述べた。

　2023年6月の株主総会でダルトン・インベストメンツから株主提案を受けた戸田建設は，2023年12月にアップデートしたコーポレートガバナンス報告書に，「ROE8％以上を確保していくため，成長投資・無形資産投資を通じて事業ポートフォリオを強化し，資本の適正配分を推進している。しかし，直近3カ年のROEは8％未満であり，PBRは1倍を下回っている。建設事業の収益性確保，資産の入替や政策保有株式売却による資本効率の向上，株主還元の充実及びIR活動の強化により，ROIC5％以上，ROE8％以上を目指し，PBR向上を図る」と記した。

　2023年3月の株主総会でリム・アドバイザーズから株主提案を受けた鳥居薬品は2023年12月に，「資本コストや株式を意識した経営の実現に向けた対応を含む企業価値向上に向けた取り組み」（32ページ）を発表した。鳥居薬品はPBR1倍割れの背景として，3％程度の低ROE，成長戦略の不透明，ガバナンス上の課題等を挙げ，中長期事業ビジョンの達成，2030年以降ROE8％以上，同業他社と遜色のないDOE（株主資本配当率）3.5％等の目標を掲げた。支配株主であるJTからの独立性・少数株主保護について，鳥居薬品は新たに設置する指名・報酬諮問委員会の構成メンバーを独立社外取締役のみで構成する方針を示した。リム・アドバイザーズは2024年3月の株主総会でも株主提案を行ったが，賛成率は13〜22％で否決された。

2 資本コストは開示義務ではないがアクティビストが求めることがある

　古い話で恐縮だが，私は1999年に『資本コストを活かす経営：推計と応用』との翻訳書を出版した。2014年の『伊藤レポート』も資本コストを意識した経営を求めていたが，日本企業に資本コストを意識した経営が定着しなかったため，2023年3月に東証の要請が発出された。

　東証の要請は，資本コストを意識した経営を求めているだけであり，資本コストの開示は義務でないので，開示していない企業が多い。みずほ証券が2023年6月に事業会社に対して行ったアンケート調査でも，「資本コストを社内で把握しているものの，開示しない企業」が6割超に上った。

　2023年に最も高い株主資本コストを発表した企業はみずほFGの11％だったほか，第一生命HDと東京センチュリーが株主資本コストを10％とするなど，金融が高い株主資本コストを認識している。エーザイと第一三共が株主資本コストをともに8％と発表するなど，同業種は同程度の株主資本コストになることが少なくない。

アクティビストが資本コストに係る提案をした例

　ただし，PBRを1倍以上に上げるためには，ROE＞株主資本コストまたはROIC＞WACCが必要であるため，アクティビストは投資先企業に対して，ROEまたはROICが自社の資本コストを下回っている場合，その問題を認識させるために資本コストの開示を求めることがある。

　シンガポールのひびきパースが2023年6月の日本高純度化学の株主総会で行った株主資本コストに関わる定款変更の株主提案は，賛成率25.6％で否決された。日本高純度化学は，「資本コストを公表したとしても，必ずしも株主・投資家との建設的な対話に資するものではない」と反論した。

　ストラテジックキャピタルがワキタに行った資本コストの開示，PBR1倍以上を目指す計画の策定及び開示を求める株主提案も，賛成率20％で否決された。ワキタは，「資本コストの数字の開示自体が重要なのではなく，資本コストの

把握を通じた収益計画等の構築が重要だと認識している」,「PBR対策を会社の根本規則である定款に記載することはなじまない」と反論した。

リム・アドバイザーズは2023年5～6月の株主総会でホームセンターのケーヨーとテレビ東京HDに対して,資本コストの開示を求める株主提案を行ったが,賛成率は10％未満で否決された。

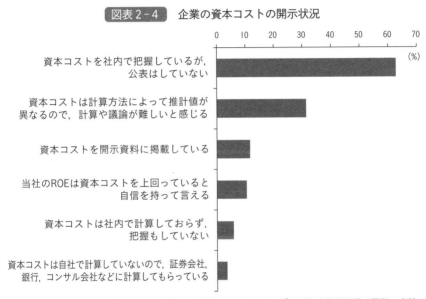

図表2-4　企業の資本コストの開示状況

注：みずほ証券主催の2023年6月1日開催の事業法人向けセミナー「2023年度業績予想の評価,中計・社長交代の分析,株主総会の注目点」における調査。回答者数86人。複数回答
出所：みずほ証券エクイティ調査部作成

ストラテジックキャピタルの投資先の日本証券金融と極東開発工業は資本コストを開示

2023年6月の株主総会でストラテジックキャピタルから2年連続で株主提案を受けた日本証券金融は,2023年5月に発表した「東証からの上場会社に対する要請への日本証券金融の取り組み等について」で,「日本証券金融の事業戦略リスクは低く,財務および収益の安定性が高いことから,株主資本コストは4％台半ばと,一般的な水準と比べ相当程度低い。2023年2月公表の中期経営

計画で株主資本コストを上回る2025年度ROE５％の目標を設定し，経営努力している。2021〜2025年度までの間，総還元性向100％を目指す。こうした取り組みにより，株価・PBRも上昇基調で推移している」と述べたが，日本証券金融の株主資本コストが，なぜこれほど低いかは議論の余地があろう。

　同じくストラテジックキャピタルから２年連続で株主提案を受けた極東開発工業は，2023年５月の決算説明資料で，①資本コストを意識し，WACCを約６％（うち株主資本コスト約７％）と開示，②2024年度→2030年度に営業利益率７％→10％以上，ROE6％→10％を目指す，③2018年３月期から累計28％，時価総額にして39億円分の政策保有株式を売却したなどとアピールした。さらに極東開発工業は，2023年12月に発表した「資本コストや株価を意識した経営の実現に向けた対応について」で，2023年３月末の資本コストを約７％，WACC約６％との認識を示し（諸施策の効果で各々１ポイント低減したと主張），ROEを2023年度予想の２％から2024年度に６％，2030年度に10％に引き上げ，2022〜2024年度の中計期間中は配当性向を100％とする目標を掲げた。

シルチェスターの投資先で資本コストを意識した経営が広まる

　シルチェスターが長年エンゲージメントしてきたサンゲツは，2014年に就任した安田正介社長の下，東証の要請以前から資本コストを意識した経営に変わり，2022年度のROEは15.3％，ROICは16.5％と，前中期経営計画の目標値やWACCの5.3％，株主資本コストの5.6％を大きく上回る実績を達成した。サンゲツのPBRが約1.6倍まで上昇したことで，シルチェスターは2022年11月に保有比率を５％未満に引き下げた。サンゲツは株価が上場以来の高値を更新した2024年１月に，10年ぶりの社長交代を発表した。

　シルチェスターが12.5％保有する日本触媒は，PBRが約0.6倍と低位であり，2023年６月に発表した「資本コストや株価を意識した経営の実現に向けて」で，「ROEが株主資本コスト（約７％）を下回っている，PBRが直近数年間１倍を下回っている」との現状認識を示したうえで，「中期経営計画で掲げたROE目標2024年度7.5％，2030年度９％以上を達成し，PBR１倍以上を実現する」と述べた。

　シルチェスターが13.5％保有する住友重機械も，2023年７月に発表したコー

ポレートガバナンス報告書に，「取締役会でROICを意識した報告及び審議が行われているものの，長期的なROIC改善のための方策についてさらに議論を深める必要がある。中期経営計画および長期戦略に対し，セグメント・事業部門ごとの最適なKPIをもとに，目標とするROICを如何にして達成するかの計画と戦略をさらに具体化し，次期中期経営計画策定の中で取締役会での審議を深めていく」と記載した。

3　資本コストを意識した経営を行っても業績が悪化した花王

　花王は，2004年には平林千春・廣川州伸著『花王強さの秘密～23期連続増益を続ける「最強DNA」を読み解く』との本も出版され，20年以上も前からEVA（経済的付加価値）を経営指標に導入し，資本コストを意識した経営を行ってきた。EVAは税引後営業利益 − 資本コスト ＝（ROIC − 資本コスト率）×投下資本で計算される。

　しかし，花王のROEは2017年の19.8％から，2023年に4.5％と４分の１以下に低下し，EPSも2018年の314円→2023年94円と大幅な減益になっている。DPS（１株当たり配当）を2023年まで34期連続で増配した結果，配当性向は159％に上がった。

　原材料高や中国経済の不振の悪影響は花王以外の同業他社も受けたはずだが，ユニ・チャームはインド事業やペット事業の好調等を背景に，2023年の純利益が前年比＋27％と花王と対照的な結果になった。米国市場が値上げしやすい環境にあるうえ，グローバル事業の分散が進んでいるP&Gも，2024年度２Q累計に好調な業績を持続した。

　花王のケースは，資本コストを意識していても本業が大幅な不振に陥れば，株主のための資本コストや株価を意識した経営の実現が難しいことを示唆した。米国では株価が競合他社を大きくアンダーパフォームしている企業はアクティビストの投資対象になりやすいが，2024年４月にオアシスが花王に対してキャンペーンを始めた。

　オアシスは「花王は潜在価値の宝庫であるにもかかわらず，同社の売上成長

率, 利益率, ROEは他社の水準を著しく下回り, その結果として株価も低迷
し続けてきた」,「花王の現経営陣は, 同社の持つ素晴らしいブランドのポテン
シャルを最大限に引き出すことにほとんど関心がないように思われる」と主張
し,①主要な化粧品及びスキンケアブランドの国際的な成長に重点を置く,②
グローバルな経験を有するCMOまたは同等の人材を直ちに起用し, マーケティ
ングに対する同社のアプローチの変革を行う,③ブランディング及びマーケ
ティングの経験を有する社外取締役を任命する,④低採算のブランド及び製品
数を削減する,⑤情報開示の透明性を向上させることを提案した。

図表2-5 過去5年の花王, ユニ・チャーム, P&Gの株価推移

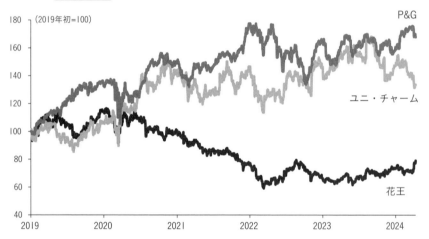

注：2024年4月12日時点
出所：ブルームバーグよりみずほ証券エクイティ調査部作成

4 エクイティ・スプレッドに関する企業と投資家の 認識ギャップは依然として大きい

　エクイティ・スプレッドはROE-株主資本コストで計算されるのに対して,
ROI-WACCはEVAスプレッドなどと呼ばれることがある。
　コーポレートガバナンス改革や情報開示の優良企業とみられている丸井グ
ループは, 2023年5月の「決算説明と中期経営計画の進捗」で, EPS, ROE,

ROICの主要3KPIはいずれも計画を達成したとして，ROEは株主資本コスト，ROICはWACCとヒストリカルに比較した図を掲載したが，日本企業では丸井グループのような開示は例外的である。

　生保協会が2023年4月21日に発表した「企業価値向上に向けた取り組みに関するアンケート集計結果（2022年度版）」（回答企業数は469，投資家数は98社）は，機関投資家と企業の認識ギャップの大きさを示した（図表2－6）。

　PBRに対する質問事項はなかったが，PBRに大きな影響を与えるROEと資本コストの関係については，ROEが資本コストを上回っていると回答した企業の割合が2021年度49.8％→2022年度54.9％と高まった一方，ROEが資本コストを下回っていると回答した投資家の割合が同55.3％→62.1％と増えた。

　ROEと資本コストの差であるエクイティ・スプレッドは，東証が2023年7月から算出を開始したJPXプライム150指数の基礎データにもなった。日経4紙における「資本コスト」の登場回数が増加傾向にあるが，「エクイティ・スプレッド」の掲載回数は依然少ない。一橋大学大学院の藤田勉特任教授（元シティグループのストラテジスト）は「エクイティ・スプレッドは和製英語だ」と指摘したが，「エクイティ・スプレッド」ではなく，「ROEスプレッド」という用語を使う外資系運用会社もあるようだ。

図表2-6 生保協会のROE，手元資金，経営目標に関するアンケート結果

	企業（％）		投資家（％）	
	2021年度	2022年度	2021年度	2022年度
資本コストに対するROE水準の見方				
ROEが資本コストを上回っている	49.8	54.9	4.3	4.2
ROEと資本コストが同程度	15.9	15.4	36.2	26.3
ROEが資本コストを下回っている	27.3	23.4	55.3	62.1
資本コストを把握していない，わからない	7.0	6.3	4.3	7.4
回答数	458	463	94	95
手元資金の水準についての認識				
手元資金は適正	65.6	64.5	23.4	21.9
手元資金は余裕がある水準	31.8	31.8	74.5	78.1
手元資金は不足	2.5	3.6	2.1	0.0
回答数	471	468	94	94

中期経営計画の指標・経営目標として重視すべき指標				
ROE	57.5	58.7	85.3	83.3
利益額・利益の伸び率	53.7	53.1	41.1	30.2
売上・売上の伸び率	46.5	45.6	21.1	10.4
配当性向	32.6	35.8	26.3	26.0
Eに関する指標	22.1	35.3	36.8	39.6
Sに関する指標	15.2	24.6	33.7	35.4
ROIC	12.8	17.6	46.3	51.0
自己資本比率	16.2	17.3	18.9	20.8
総還元性向	11.6	13.9	30.5	39.6
FCF	8.8	9.9	33.7	30.2
ROA	11.4	9.6	22.1	24.0
DOE	5.9	7.9	10.5	18.8
資本コスト（WACC等）	2.3	3.0	37.9	40.6
回答数	475	467	95	96

出所：生命保険協会よりみずほ証券エクイティ調査部作成

5　日系運用会社の2024年の議決権行使基準の変更

　東証が2023年３月末に資本コストや株価を意識した経営への対応を要請したことで，日系運用会社が2024年の議決権行使基準でどのような変更を行うかが注目された。

　2023年６月の株主総会までに議決権行使基準にPBRを入れていたのは，アセットマネジメントOneと大和アセットマネジメントのみだった。両社ともPBRが１倍割れだったら社長再任に反対といった単純な基準ではなく，他の条件との連立方程式だった。

　2023年まで過半数の独立社外取締役を求めていたのはJPモルガンアセットマネジメントだけだったが，野村アセットマネジメントは2024年11月以降，社外取締役の人数の最低水準を過半数にするとした。ただし，指名に関するガバナンスを整備している場合は，従来通り３分の１の基準を適用する。

　三井住友トラスト・アセットマネジメントは，2024年１月から適用する議決

権行使基準に，「取締役会は資本コストや株式市場における評価を意識した経営の実現に向けた対応をすべきと考えます。評価向上に向けた方針や具体的な取り組みと目標，その進捗状況などを必要に応じてPBRやROE等の具体的指標を活用しつつ開示することが望ましいと考えます」との文言を加えて，剰余金処分議案で①PBRが１倍未満かつ当期ROEがTOPIX構成銘柄の下位50％タイル水準未満，かつ配当基準を充たさない場合，反対，②キャッシュリッチ基準（総資産に対するネットキャッシュ比率が30％以上）に該当する企業において，PBRが１倍未満かつ当期ROEがTOPIX構成銘柄の下位50％タイル水準未満，かつ配当性向50％未満の場合に反対と，PBR基準を追加した。

　三井住友DSアセットマネジメントは2024年１月から，低ROE企業への総会前対話の強化として，３年間のROEが８％未満かつ上場企業平均以下の場合に抵触する可能性がある企業，過去３年間のPBRが概ね１倍を下回っている企業に対して，対話を通じて資本コストや株価・PBRを意識した経営の実現に向けた対応の状況を確認し，議決権行使へ反映させるとした。

　ニッセイアセットマネジメントは2024年２月に発表した議決権行使基準の改定で，2025年6月からPBR1倍未満で，東証の「資本コストや株価を意識した経営の実現」への対応がない場合，代表取締役の選任に反対するとした。三菱UFJ信託銀行は2024年２月の議決権行使基準の改定で，ROE基準を厳格化した。2027年４月からTOPIX500の企業を対象に，３期連続ROE８％未満かつPBR１倍未満の場合，代表取締役の再任議案に反対する。2027年以前においても，対話で改善を求めたのにもかかわらず資本コストを意識した経営方針が示されないと判断した場合等には，代表取締役再任議案に反対するとした。

ISSの影響力は過大評価されている？

　事業会社からは議決権行使助言会社のISSの影響力の大きさを恐れる声が時々出される。しかし，ISSの石田猛行マネージング・ディレクターは，2024年１月に日本コーポレートガバナンス・ネットワークで行った「2024年版日本向けISSポリシー改定，エンゲージメントの考え方，招集通知記載に関するお願い」の講演で以下のように述べた。

当社は3,000社以上の日本企業を調査対象にしており，そのユニバースでは，3分の1以上の社外取締役がいる企業の割合が2018年の40.5％から2023年上期に84.3％，ISSの独立性の基準を充たす社外取締役が3分の1以上いる企業の割合が21.1％→56.1％と高まった。

2023年に株主提案を受けた企業数は104社，議案数は462となったが，企業数の方が重要だ。当社はドイツ取引所の子会社であり，営利団体である。顧客の要請に応じて，最大公約数的な議決権行使助言基準を作っているが，ISSの助言基準通りに議決権行使を行うのは規模の小さな海外年金のみであり，ISSの影響力は過大評価されている。

過半数の社外取締役を求めると，取締役会で決める内容や開催の回数も変わってしまうので，現状3分の1以上で良いと思っている。支配株主がいる上場企業についても3分の1の社外取締役しか求めていないし，その独立性も問わないので，当社基準はコーポレートガバナンス・コードより緩い。

ISSは企業の意見を聞かないと批判されたこともあったが，私はコロナ前に年間200社近い企業とミーティングしていた。企業とミーティングすると様々な気づきがあるので有益だと思っている。

企業の公表データに基づいて，助言基準を作っているので，データの正確性が極めて重要だ。ROEは企業の発表ベースのデータを使っている。PBR=ROE×PERだし，PBRは計算方法によって数字が異なることがあるので，助言基準に入れる予定はない。

ISSは2024年2月からROE基準（過去5期の平均ROEが5％を下回り，かつ直近年度のROEが5％未満の場合に経営トップに反対）を復活させた。買収防衛策に賛成する基準を，取締役会に占める出席率に問題のない独立社外取締役が2名以上かつ3分の1以上から過半数に変更した。

第 **3** 章

アクティビストの事業会社と
一般投資家へのインプリケーション

1　日本市場に参入しているアジアのアクティビスト

　日本におけるアクティビスト活動は，村上世彰氏なしに語ることはできない。
村上世彰氏はニッポン放送株を巡るインサイダー事件で有罪になった後，シン
ガポールに移住して日本株投資から離れていたが，アベノミクスの開始ととも
に日本株投資を再開し，高パフォーマンスをあげている。恵比寿に本社がある
ストラテジックキャピタルとシンガポールに拠点があるエフィッシモキャピタ
ルは，旧村上ファンドの在籍者が創設したファンドであるが，現在3つのファ
ンドに交流はないようだ。

　2023年にはナナホシマネジメントが焼津水産化学工業に対して初めて株主提
案を行ったが，ナナホシマネジメントの松橋理代表は，ストラテジックキャピ
タルの勤務経験がある。丸の内に本社がある日本バリュー・インベスターズは
英国のシルチェスターと資本関係がある。エフィッシモキャピタルはアジアの
アクティビストとしては大手である一方，同じシンガポールにある3Dインベ
ストメント・パートナーズと香港のオアシスは運用資産的には，中堅ファンド
とみなされる。シンガポールのひびきパースは規模的にはこれらのファンドよ
り小さい。

　ほとんどのアクティビスト・ファンドがヘッジファンド形態を取る中，マ
ネックスグループのカタリスト投資顧問は，珍しく公募投信でアクティビス
ト・ファンドを運用している。

アクティビストは定義の問題であり，学者の分析では一度でも株主提案をしたファンドをアクティビストに分類するケースもある。この観点で，いちごアセットマネジメントは2007年に東京鋼鐵の臨時株主総会で，委任状合戦を仕掛けたことがあるため（当時，「いちごの乱」と呼ばれた），アクティビストとみなす向きもあるが，スコット・キャロン社長は「当社はアクティビストではない，『モノ言う株主』ではなく『モノ聞く株主』だ」と主張しているため，本書では分析対象にしていない。

　上場運用会社であるスパークス・アセット・マネジメントも，帝国繊維に株主提案を行ったことがあるため，アクティビストに分類される場合がある。

2　日本市場に参入している欧米アクティビスト

　米国の大手アクティビストでは，エリオット・マネジメントとバリューアクトが日本市場に参入しているが，現在，エリオット・マネジメントは日本株投資をロンドン拠点から行っている。サードポイントは2019年にソニーグループを売却して以来，音沙汰がなくなった。

　ファラロン・キャピタル・マネジメントも米国の大手アクティビストだが，東芝と富士ソフト以外で日本株投資を聞いたことがない。ディストレス投資を得意とするキング・ストリートも，日本株で投資したのは東芝だけのようだ。

　ファーツリーは2019年にJR九州への株主提案に失敗して以来，日本市場から撤退したようだ。カール・アイカーン氏，Trian Partners, Jana Partners, Starboard Valueなどの米系大手アクティビストは，現在は日本市場に参入していない。

　ダルトン・インベストメツは米国の中堅アクティビストだが，その共同創業者のジェームズ・ローゼンワルド氏が2020年にNAVF（Nippon Active Value Fund）をロンドン証券取引所に上場したため，欧州系の色彩も持つようになった。シアトル近郊に拠点があるタイヨウ・ファンドは引き続き活発な投資をしているが，サンディエゴに本社があるブランデスは日本株投資が減った印象だ。リム・アドバイザーズは香港のファンドと報じられることがあるが，日本株投資は，元日経記者の松浦肇氏が米国から担当している。

英国のアクティビストでは，シルチェスターが大手，AVI（Asset Value Investors）が中堅どころだ。英国最大手のアクティビストのTCI（The Children Investment）は，2008年に電源開発の株式買い増しで中止命令を受けてから，日本株投資の話を聞かなくなった。2023年は，英国のパリサー・キャピタルが京成電鉄への投資で初見参となったが，運用資産は小さい。フランチャイズパートナーズは2020年にキリンHDに対する株主提案に失敗してから，日本株投資から撤退したようだ。

3　アクティビストはバリュー投資家

　タイヨウ・ファンド等は中小型グロース株に投資することもあるが，ほとんどのアクティビストは実態価値に比べて割安に放置されている銘柄に投資するので，基本的にバリュー投資家である。彼らは，企業が保有する資産価値や利益，キャッシュフローの水準に比べて，市場での株価が割安な銘柄に投資する。

　日経平均が史上最高値を更新したことは一般投資家にとっては嬉しいことだが，割安な銘柄が少なくなることは，アクティビストにとっては新規に投資しにくくなることを意味する。アベノミクス以降，米国大手アクティビストの日本株参入が増えたのは，コーポレートガバナンス改革期待に加えて，米国株に比べて日本株に割安な株が多かったためだった。我々が2024年1月に英国を訪れた際には，日本株に割安な銘柄が少なくなったと嘆いていたアクティビストがいた。アクティビストから投資されないために企業がすべきことは，株価を上げることであることを示唆する。

　2022年以降，バリュー株価指数がグロース株価指数に対して大きくアウトパフォームしたのは，①東証が資本コストや株価を意識した経営を求めたことにより，低PBR企業の経営改善期待，②日銀の金融政策の見直しを背景とした銀行株の上昇，③米国のFRBの利上げで，グロース株が世界的にアンダーパフォームしたことなどが背景だった。

図表3-1 TOPIXバリュー・グロース株価指数の推移

(2018年初=100)

TOPIXグロース

TOPIXバリュー

(年)

注：2024年4月12日時点
出所：ブルームバーグよりみずほ証券エクイティ調査部作成

4　2020年以降のアクティビストの特徴と傾向

　2020年に刊行した前書『アクティビストの衝撃』以降のアクティビスト動向として，次の点を挙げることができる。

① 2020年のコロナ禍で落ち込んだ世界のアクティビスト活動は全般に回復傾向にある。

② 米国アクティビストの運用資産は大きいので，大手企業が投資対象になるが，日本株に投資するアクティビストのファンドは規模が小さいので，中小型株が投資対象になることが多い。

③ 世界最大のアクティビストのエリオット・マネジメントは大日本印刷で日本株投資を再開したが，サードポイントは2019年のソニーグループ投資以降，日本株投資で音沙汰がない。日本株では，香港のオアシスや英国のAVIなど中堅アクティビストの活動が目立つ。

④ ダルトン・インベストメンツが東証のPBR対策を理由に株主提案を行うなど，東証の低PBR対策は明らかにアクティビスト活動の活発化の契機となった。

⑤ アクティビストの投資対象になる企業の特徴は今も昔も同じであり，アクティビストから何度も投資対象になる企業もある。

⑥ アクティビストの要求はファンドによって異なる。バリューアクトは事業ポートフォリオの見直しの要求が多い。オアシスの株主提案はコーポレートガバナンス改善を求める内容が多くなってきた。リム・アドバイザーズは社会的正義に基づいて株主提案を行うことが多い。村上ファンド系は株主還元強化の要求が多い。

⑦ アクティビストはヘッジファンド形態なので，外部からパフォーマンスや組入銘柄が分からないことが多いが，村上ファンド系が高パフォーマンスのようである。シルチェスターの株主提案書の記述をみると，2022年3月末時点の 日本株運用資産が約2兆円→2023年3月末時点に約1兆円と減っており，パフォーマンスがさほど良くなかった可能性がある。

⑧ 歴史的な経緯もあり，日本ではアクティビストの評判が依然良くない。日本でアクティビストと自称しているのは，ストラテジックキャピタルとカタリスト投資顧問だけだろう。

⑨ 機関投資家の政策保有株式に関する議決権基準の厳格化を受けて，地銀を中心に持合解消が加速している。株式持合の解消はアクティビストから歓迎されている。持合解消に消極的だったトヨタ自動車が2023年度の中間決算で，持合解消を行う方針を示したため，今後その進捗度が注目される。持合解消を行う企業は，新たな株主作りが課題になる。

⑩ 日本の機関投資家の株主提案への賛成率は依然低い（特に保険会社）。日本コーポレートガバナンス・ネットワーク理事長の牛島信弁護士は，日本の資本市場の改善のために，アクティビストと機関投資家の「幸福な同棲」が必要だと説く。

2022年のアクティビスト動向

　2022年3月の鳥居薬品の株主総会で，リム・アドバイザーズが行った株主提案，NAVF（Nippon Active Value Fund）が行った荏原実業と千代田インテグレへの株主提案への日系運用会社の賛成率は低かったが，3Dインベストメント・パートナーズの富士ソフトに対する社外取締役2名選任の株主提案への賛成率は36〜39％と比較的高かった。

三菱UFJ信託銀行の集計によると，2022年6月株主総会で株主提案を受けた企業数は77社，株主提案数は292件と過去最高になった。株主提案が実現したのは，会社側が議案を撤回した香港のオアシスによるフジテックの内山高一社長の退任を求めた株主提案だけだった。内山前社長は取締役でない会長に就任したため，フジテックの株主である英国のAVIが反発した。

　シルチェスターによる初めての正式な株主提案として注目された地銀4行に対する増配を求める株主提案は，13～25％の賛成率で否決された。4行の中では，上場政策保有株式のバランスシート計上額が約1兆円と，自社の時価総額の2倍以上の水準だった京都銀行（現京都FG）の賛成率が最も高かった。

　村上ファンド系は株主提案を行わなかったが，銀行株には投資しないという方針を翻して，5行の地銀で大株主に登場したことが注目された。

　東芝の2022年6月の株主総会では，ファラロン・キャピタル・マネジメントとエリオット・マネジメント出身の社外取締役2名が加わり，日本における“Board3.0”の進展とみなされた。

　バリューアクトはオリンパスとJSRに対して，社外取締役を送り込むことに成功した。欧米大手アクティビストの日本市場参入が少ない理由として，①日本企業は依然として株式持合が多い，②国内機関投資家の株主提案への賛成率が低い，③日本語でキャンペーンを実施しなければならないのでコスト高になることが挙げられた。

　一方，任天堂の創業家の運用会社Yamauchi-No.10 Family Office（YFO）が，インフロニアHDによる東洋建設へのTOBに介入しため，新興のアクティビストとみなされた。

2023年のアクティビスト動向

　エリオット・マネジメントなどがエンゲージメントを行っていた大日本印刷は，2023年2月初めに低PBR是正のための新中計を発表して，株価が急騰した。

　バリューアクトは2023年5月のセブン＆アイ・HDの株主総会で，井阪社長等の退任を求める株主提案を行ったが，否決された。バリューアクトが2023年11月に1.1％の株式を保有したことを明らかにしたリクルートHDは，2023年12月に上限2,000億円（自己株式を除く発行済株式総数の2.8％）の自社株買いを

発表した。

　2023年6月の株主総会で，ダルトン・インベストメンツ，ストラテジックキャピタル，リム・アドバイザーズなどは，東証の要請に言及した株主提案を行ったが，賛成率はいずれも低かった。

　村上ファンド系に20％超の株式を保有されたコスモエネルギーHDは，2023年6月の定時株主総会で，MoM（Majority of Minority）決議で村上ファンド系の提案を退けて買収防衛策も可決したが，岩谷産業が村上ファンド系の保有株式を買い取る合意がなされたため，同年12月に予定されていた臨時株主総会はキャンセルされた。

　YFOは，2022年3月以来27.2％を保有する東洋建設にTOBを行い，2023年6月の株主総会では7人の取締役を送り込んだが，12月にTOBを取り下げた。

　2017年にアクティビストを中心に約6,000億円の資金を調達して以来，アクティビストと対立関係にあった東芝は，2023年12月に非上場化された。

　英国のパリサー・キャピタル以外で，2023年に新たなアクティビストの日本市場参入は限定的だった。

5　2023年6月の株主総会の総括

　東証の資本コストや株価を意識した経営の要請を受けて注目された2023年6月の株主総会は，次の10点が総括として挙げられたが，大きな波乱はなかった。

---

① 　京都銀行（現京都FG）71％→62％，京セラ81.2％→64.8％，八十二銀行
　93.1％→63.2％，フジ・メディアHD72.3％→58.1％など，政策保有株式の純
　資産比が高い企業の会長・社長（頭取）選任議案の賛成率が前年比（役員の
　任期が2年の場合は2年前比）で大きく低下した。資本コストを意識し，持
　合解消に前向きになる地銀が増加した。

② 　2023年3月の株主総会でキヤノンの御手洗冨士夫会長兼社長の賛成率が
　50.6％まで急低下したのは，女性役員がいないという単純な理由からだった。
　キヤノンは女性社外取締役を選任したため，2024年3月の株主総会で，御手
　洗会長兼社長の賛成率は90.9％に回復した。2023年6月株主総会で社長選任
　議案の賛成率が最も低かったのは東洋証券の桑原理哲社長の51.2％で，前年

の81.2％より３割も賛成率が下がった。

③ 株主提案の成立は，YFOによる東洋建設への提案と英国のAVIのNC HDへの提案だったが，前者はYFO単独で28.5％，後者はAVIと米国のMIRI Capitalと合わせて43.8％の株式を保有していたので特殊ケースだった。

④ ダルトン・インベストメンツは，東証の低PBR対策を株主提案に挙げて，７社に対して株主提案を行ったが，賛成率は10～20％台と低かった。英国のNAVFは最多となる９社に対して株主提案を行ったが，賛成率は10～30％台だった。

⑤ 前年に地銀４行に対して株主提案を行ったシルチェスターは，2023年に大林組と京都銀行に対してのみ株主提案を行い，いずれも否決された。

⑥ オアシスは，北越コーポレーションの岸本哲夫社長の再任議案に反対票を投じるキャンペーンを行ったが，岸本社長は賛成率65.1％で再選された。

⑦ 村上ファンド系から株主提案を受けたコスモエネルギーHDは，MoM決議で買収防衛策を59.5％の賛成率で承認されたが，普通決議であれば否決された可能性があった。

⑧ ストラテジックキャピタルは，５社に対して２～３年連続で株主提案を行ったが，賛成率は10～30％台だった。

⑨ リム・アドバイザーズは，テレビ東京での日本経済新聞社出身の役員採用，ストラテジックキャピタルは，日本証券金融での日銀出身の役員採用を問題視して株主提案を行ったが，賛成率は10％台が多かった。

⑩ ひびきパースなどアクティビストの資本コストの開示を求める定款変更議案への賛成率は全般に低かった。

株主提案への賛成率は欧米運用会社が高い一方，生保が低い

　株主提案への賛成率は例年米系運用会社が高い中，2022年に株主提案への賛成率が最も高かったSBI岡三アセットマネジメントの賛成率が2022年４～６月の38.0％から，2023年４～６月の株主総会では15.9％と大きく低下した。SBI岡三アセットマネジメントの株主提案への賛成率が大きく低下したのは，議決権行使基準が変わったというより，議決権行使の担当者が変わった影響のようだった。

　株主提案への賛成率上位３位は，シュローダー，JPモルガンアセットマネ

ジメント，フィデリティと米系大手運用会社が並び，賛成率は3〜5割だったが，同じ米国系でもキャピタルグループとウエリントンは株主提案への賛成率がゼロだった。

　アクティビストが株主提案を成立させるためには，運用資産が約1,400兆円とブラックロックのような巨大運用会社の賛同を得る必要があるが，ブラックロックは株主提案に対する賛成率が例年低く，2023年4〜6月の株主総会で363件のうち賛成した議案は16件のみだった。ブラックロックは環境関連の株主提案に反対した一方，東洋建設，フクダ電子，NC HD等の一部の株主提案に賛成した。

　大手生保も株主提案への賛成率が極めて低い状況が続いている。住友生命は2022年4〜6月と2023年4〜6月の株主総会で株主提案に100％反対した。第一生命も2023年4〜6月の株主総会で株主提案への賛成率が僅か0.6％だった。

　買収防衛策については，M&A専門の弁護士から全て反対するのはいかがなものか，個別案件ベースで検討して欲しいとの意見が出たが，我々の集計対象の運用会社26社のうち13の運用会社が100％反対し，8社は反対比率が90％台だった。2022年は25社中13社が100％反対だったので，運用会社の買収防衛策への厳しい姿勢は変わっていない。一方，住友生命と日本生命は2022年に続いて，ほとんどの買収防衛策に賛成した。日本の運用会社が株主提案になかなか賛成してくれないことに不満を抱く海外アクティビストは少なくない。

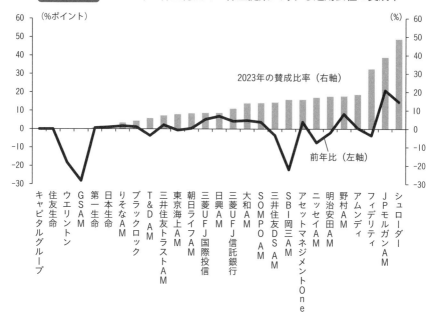

図表3-2 2023年の株主総会での株主提案に対する運用会社の賛成率

（%ポイント）

（%）

2023年の賛成比率（右軸）

前年比（左軸）

キャピタルグループ
住友生命
ウエリントン
GSAM
第一生命
日本生命
りそなAM
ブラックロック
T&DAM
三井住友トラストAM
東京海上AM
朝日ライフAM
三菱UFJ国際投信
日興AM
三菱UFJ信託銀行
大和AM
SOMPOAM
三井住友DSAM
SBI岡三AM
アセットマネジメントOne
ニッセイAM
明治安田AM
野村AM
アムンディ
フィデリティ
JPモルガンAM
シュローダー

注：対象の株主総会の開催期間は運用会社によって異なる。三菱UFJ国際投信は2023年10月1日より
三菱UFJアセットマネジメントに社名変更
出所：会社資料よりみずほ証券エクイティ調査部作成

2023年の株式総会で，運用会社の賛成が多かった株主提案

　2023年4～6月の株主総会で，議案別で運用会社の賛成率が高かった株主提案には，ナナホシマネジメントの焼津水産化学工業に対する買収防衛策の廃止提案の86.7％（投票した15社中13社が賛成），英国のAVIによるNC HDに対する剰余金処分を株主総会の決議によらずに決められるよう定款を変更する提案の84.6％（同13社中11社が賛成），ヴァレックス・パートナーズによるテクノメディカに対する増配提案の76.9％（同13社中10社が賛成），米国のKaname Capitalによるフクダ電子に対する買収防衛策の廃止提案の73.3％（投票した15社中11社が賛成）などがあった。

　買収防衛策には100％反対する運用会社が多いので，買収防衛策廃止の株主提案への賛成率が高いのは必然だが，キャッシュリッチ企業に対する増配の株

主提案にも賛成が多かった。テクノメディカは2023年3月末に総資産の60％が現預金だった。

　逆に，運用会社の賛成がゼロだった株主提案には，英国のNAVFの石原ケミカルとバンドー化学に対する譲渡制限付株式報酬制度に係る報酬額改定の提案，村上ファンド系によるコスモエネルギーHDに対する取締役選任提案，リム・アドバイザーズによるテレビ東京HDに対する定款一部変更（日本経済新聞社との共同事業運営契約の開示），AVIによるNC HDに対する定款変更の提案があった。

2024年3月の株主総会におけるアクティビストの提案は全て否決

　2024年3月の株主総会では，ダルトン・インベストメンツの江崎グリコに対する剰余金の配当等の決定機関に関する定款変更への賛成率が42.9％と最も高かった。剰余金処分の決定権を取締役会から株主総会に移す提案は，機関投資家の賛成を集めやすい。ダルトン・インベストメンツの江崎グリコに対する提案は，資本コストや株価を意識した経営の実現に向けた対応に関する開示に係る定款変更も30.1％と，比較的高い賛成率を集めた。2024年3月30日の日本経済新聞は，『グリコ株主総会が波紋　全員アクティビスト時代に』との記事を掲載した。

　3Dインベストメント・パートナーズの富士ソフトへの株主提案は，3Dが21.5％，ファラロンが8.7％，外国人全体で44％の株式を保有していたため，成立の可能性もあると予想していたが，監査役選任と自己株式取得の株主提案が，各々40.3％，33.6％の賛成率で否決された。

　NAVFは荏原実業に対して3年連続で株主提案を行ったが，賛成率10％台で否決された。リム・アドバイザーズの鳥居薬品に対する3年連続の株主提案も否決された。

　6月の株主総会でアクティビストから株主提案を受ける企業は，3月総会で株主提案を受けた企業の対応策を参考にするようだ。

アクティビストは株主総会での社長の選任議案の賛成率が低かった企業に注目

　株主総会で社長選任議案の賛成率が低かった企業は，経営改革の機運が高ま

2023年6月の株主総会で社長選任議案の賛成率が70％未満だった企業

コード	会社名	決算期	代表者氏名	2023年株主総会での賛成率（％）
8614	東洋証券	2023年3月	桑原 理哲	51.2
2321	ソフトフロントHD	2023年3月	二通 宏久	54.3
4676	フジ・メディアHD	2023年3月	金光 修	58.1
8550	栃木銀行	2023年3月	黒本 淳之介	58.8
7222	日産車体	2023年3月	吉村 東彦	59.9
5232	住友大阪セメント	2023年3月	諸橋 央典	60.3
6678	テクノメディカ	2023年3月	實吉 政知	61.3
4636	T&K TOKA	2023年3月	高見沢 昭裕	61.5
5759	日本電解	2023年3月	中島 英雅	62.1
2815	アリアケジャパン	2023年3月	白川 直樹	62.1
8359	八十二銀行	2023年3月	松下 正樹	63.2
4620	藤倉化成	2023年3月	加藤 大輔	63.6
6622	ダイヘン	2023年3月	蓑毛 正一郎	63.9
8138	三京化成	2023年3月	小川 和夫	64.5
6971	京セラ	2023年3月	谷本 秀夫	64.8
3865	北越コーポレーション	2023年3月	岸本 哲夫	65.1
1734	北弘電社	2023年3月	高橋 龍夫	65.6
1801	大成建設	2023年3月	相川 善郎	66.0
9503	関西電力	2023年3月	森 望	66.2
4914	高砂香料工業	2023年3月	桝村 聡	66.3
4423	アルテリア・ネットワークス	2023年3月	株本 幸二	66.6
9987	スズケン	2023年3月	浅野 茂	66.7
8316	三井住友FG	2023年3月	太田 純	67.3
6822	大井電気	2023年3月	石田 甲	67.9
9508	九州電力	2023年3月	池辺 和弘	68.6
6890	フェローテックHD	2023年3月	賀 賢漢	68.8
6804	ホシデン	2023年3月	古橋 健士	69.1
7911	TOPPAN HD	2023年3月	麿 秀晴	69.2
8850	スターツコーポレーション	2023年3月	磯﨑 一雄	69.2
8129	東邦HD	2023年3月	有働 敦	69.5
9767	日建工学	2023年3月	皆川 曜児	69.7

注：敬称略。2−3月決算企業のうち，2023年5−6月株主総会で代表者の選任議案があった企業。
有を除く，持株会社は子会社保有分を含む。機関投資家の賛成率は社数ベース（「-」は機関投資
異なる。T&K TOKAの高見沢氏は，6月の株主総会で取締役として再任されたのち同日，代表取
株式）/三井住友FGの純資産。このリストは推奨銘柄でない
出所：一橋大学大学院経営管理研究科 円谷昭一教授データベース，QUICK Astra Managerよりみずほ

機関投資家の 賛成率 （%）	社長就任 年月	2022年度 株価変化率 （%）	2022年度 ROE （%）	政策保有株式/ 純資産比 （%）
12.5	2017年4月	110.7	-8.1	18.3
-	2021年6月	9.5	-12.7	-
16.7	2019年6月	1.9	5.7	25.5
31.8	2016年6月	24.0	1.7	3.6
5.9	2020年6月	52.2	2.2	-
76.9	2021年6月	11.0	-3.0	21.6
46.2	2014年6月	21.4	7.2	-
81.3	2023年6月	20.9	2.3	4.5
100.0	2019年10月	-49.5	-29.3	-
22.7	2021年4月	-6.0	5.9	9.3
36.0	2021年6月	41.3	2.6	48.9
25.0	2013年4月	-3.7	0.0	3.9
29.6	2021年4月	4.8	12.4	6.5
-	1992年6月	10.2	3.3	30.7
59.4	2017年4月	0.1	4.3	47.5
95.8	2008年4月	27.6	3.8	5.2
100.0	2022年6月	-21.9	NA	NA
50.0	2020年6月	15.8	5.6	33.7
63.3	2022年6月	12.4	1.0	6.6
11.1	2014年5月	-4.7	6.5	15.9
26.1	2019年4月	-2.8	21.4	-
56.0	2021年4月	-7.9	4.9	13.0
63.2	2019年4月	35.6	6.5	26.7
100.0	2014年4月	12.0	-14.6	3.9
44.0	2018年6月	-7.3	-9.2	-
54.2	2020年7月	20.7	18.9	0.3
54.5	1991年4月	39.2	10.3	3.6
58.8	2019年6月	23.0	4.5	18.0
16.0	2016年4月	6.0	15.1	-
55.0	2019年6月	27.0	5.6	17.5
100.0	2016年4月	-18.6	7.1	15.9

政策保有株式の純資産比の「-」は上場株式の政策保有なし。特定投資株式は上場株式のみ，みなし保
家の議決権行使なし），機関投資家48社の賛成率，議決権行使を行った機関投資家の社数は企業により
締役社長に就任。三井住友FGの政策保有株式 の純資産比は，（三井住友FG＋三井住友銀行が保有する

証券エクイティ調査部作成

る可能性があるという点で，例年アクティビストから注目されている。大日本印刷が変わったのも，2019年の株主総会で北島義俊会長と北島義斉社長の賛成率が60％台に低下した影響があっただろう。

2023年6月株主総会で社長選任議案の賛成率が最も低かったのは，東洋証券の桑原理哲社長の51.2％で，前年の81.2％より3割も賛成率が下がった。2022年度は赤字だったため，運用会社の賛成率も低かったが，2023年5月時点で10.4％を保有していたBe Braveや8.4％を保有するUGSアセットマネジメントとの確執が報じられた。

2番目に賛成率が低かったのはグロース市場上場のソフトフロントHDの二通宏久社長の54.3％だったが，時価総額が小さいので，議決権行使を行った運用会社はなかった。

フジ・メディアHD，住友大阪セメント，京セラ，大成建設，スズケンなどの社長の賛成率が低かったのは，過大な政策保有株式を持っており，低ROEだからだろう。フジ・メディアHDと大成建設は不祥事の影響もあったと考えられる。決算説明資料で，住友大阪セメントとスズケンは政策保有株式の純資産比を10％未満及び以下にする方針を打ち出した。大成建設の相川善郎社長は2023年7月21日の日経インタビューで，2030年度までに2,000億円規模の政策保有株式を売却する方針を明らかにした。

栃木銀行や八十二銀行の頭取選任議案の賛成率が低かったのも，政策保有株の多さと低ROEが理由だろう。地銀の頭取選任議案の賛成率は全般に低下傾向にあるが，栃木銀行の黒本淳之介頭取の賛成率は58.8％と地銀で最も低かった。栃木銀行は2024年5月10日に頭取交代を発表した一方，八十二銀行は株主総会に向けて，米国のリム・アドバイザーズから国内基準行への転換等の株主提案を受け，同日に反対意見を表明した。

日産自動車の上場子会社の日産車体の吉村東彦社長の賛成率は59.9％と，社長任期が2年だった2年前の67.0％からさらに低下した。25.6％を保有するエフィッシモキャピタルに加えて，過去5年平均のROEが1.8％と低かったため，投票した17社の運用会社のうち，賛成したのは住友生命だけだった。

6 アクティビスト投資の事業会社へのインプリケーション

アクティビスト投資の事業会社向けのインプリケーションとして次の5点が挙げられる。

① アクティビストの投資対象になりやすい企業は，創業家の争い，企業不祥事，キャッシュリッチ，低PBR，親子上場，コングロマリット・ディスカウント，株式持合の多さ，IRの悪さ，事業会社間の敵対的M&Aなどの特徴がある。三井住友信託銀行の集計によると，2023年6月の株主総会で株主提案を受けた企業の77％は時価総額が3,000億円未満で，同じく77％がPBR1倍未満だった。

② 歴史的にみると，帝国繊維，東京放送HD，フジテック，帝国電機，タチエス，電気興業，ジャフコグループ，サッポロHDなど，複数のアクティビストから何度も投資対象にされた企業があった。2023年の株主総会でも，文化シヤッター，京都FGなど複数のアクティビストやエンゲージメント・ファンドから投資される企業があった。

③ 株式持合の賛否〜アクティビストから投資されたくないとの理由で，株式持合を強化している企業も一部にあるが，株式持合比率が高いと一般の機関投資家からも株主総会で反対される。株式持合を減らして，資本効率性を上げて，アクティビストに付け込まれる余地を作らないのが正攻法だろう。

④ アクティビストの投資対象になった結果，経営が改善するかどうかは経営者次第である。アクティビストの投資後に経営が改善した企業がある一方，改善がみられない企業も少なくない。

⑤ アクティビストの投資対象にならないために事業会社がすべきことは，経営者のリーダーシップの強化，高株価や高ROEの維持，TSR（Total Shareholder Return）の目標設置，余計な現預金を持たない，明確なキャピタルアロケーション計画，買収防衛策は廃止，機関投資家との関係構築，個人投資家作りなどだろう。

アクティビストの投資対象になった場合に事業会社がするべき対策としては，ガバナンス系専門会社，証券会社，弁護士事務所への相談，株主還元強化，

MBO，経営統合，株価上昇，元アナリストや投資家の社外取締役への起用などが挙げられる。

事業会社はアクティビストをどう見ているか？

　みずほ証券では2024年1月に弁護士による大量保有報告制度の見直しに関するセミナーを事業会社向けに開催し，アクティビストへの見方と同制度の改正に関するアンケートを取らせていただいた（回答者としては，財務やIR担当者が多い）。

　前者では「良いアクティビストと悪いアクティビストがいるので選別して対話したい」とういう声が最多だった。どのようなアクティビストが良いか悪いかは，個々の事業会社や投資家によって見方が異なろう。「中長期的な成長戦略より，短期の株主還元ばかりを求めるアクティビストが多い」という意見が2番目に多かった。「アクティビストにはできるだけ関わりたくない」という声が3位，「以前より建設的な提案が増えている印象がある」との意見が4位だった。アクティビストが短期志向だと言う批判に対しては，日本企業の中期経営計画は大抵3年おきであり，社長も4～5年で交代するので，日本企業の経営の目線も短期志向だとの反論もある。

　我々が考えている「日本の株式市場を良くするために，アクティビストの存在が必要だ」との意見への同調は少なかった。2023年6月に行った別のセミナーで，アクティビストに投資されないようにするためには何が必要かと事業会社に尋ねたところ，高ROE＆高PBR経営，社長の強いリーダーシップ，余計な現預金を持たないなどの回答が多かった。一方，株式持合の強化や買収防衛策の維持との回答は少数だった。

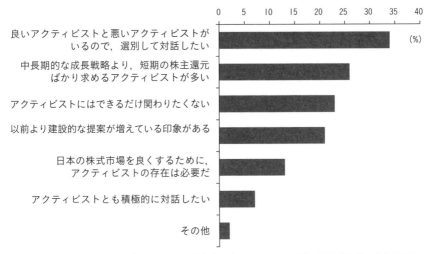

図表3-4 事業会社のアクティビストへの見方

良いアクティビストと悪いアクティビストが
いるので，選別して対話したい

中長期的な成長戦略より，短期の株主還元
ばかり求めるアクティビストが多い

アクティビストにはできるだけ関わりたくない

以前より建設的な提案が増えている印象がある

日本の株式市場を良くするために，
アクティビストの存在は必要だ

アクティビストとも積極的に対話したい

その他

注：2024年1月25日開催のみずほ証券主催の事業法人向けセミナーで調査。回答者61名，複数回答可
出所：みずほ証券エクイティ調査部作成

日本におけるBoard3.0の可能性

　米国では，PE（Private Equity）ファンドやアクティビストが投資先企業の取締役に就任し，経営に積極的に関与する方式は"Board3.0"と呼ばれる。

　日本企業で最もBoard3.0が進展したのが，2023年12月に上場廃止になった東芝である。東芝はアクティビストが大株主になっていたので，特殊事例と言える。エリオット・マネジメントのナビール・バンジー氏，ファラロン・キャピタル・マネジメント出身のレイモンド・ゼイジ氏と今井英次郎氏，ニューヨークのヘッジファンドのキングドン・キャピタルに勤務していたワイズマン廣田綾子氏が社外取締役になっていた。

　エフィッシモキャピタルが38.5％の株式を保有する川崎汽船では，エフィッシモキャピタルの内田龍平ディレクターが2019年から社外取締役を務めている。バリューアクトのデイビッド・ロバート・ヘイル氏は2019年からオリンパス，2021年からJSRの社外取締役になっている。バリューアクトはJSRで9％超の株式の保有を続けているが，オリンパスでは2021年10月に保有比率を5％未満に引き下げた後も，社外取締役を継続している。ダルトン・アドバイザリーの

林史郎代表取締役は，2016〜2019年にプレステージ・インターナショナルの社外取締役を務めたほか，2020〜2021年には天馬の非業務執行取締役を務めた。富士通の阿部敦取締役会議長はドイツ証券出身だが，2023年にインダス・キャピタルのバイロン・ギル氏が社外取締役に就任した。

　みさき投資株式会社はアクティビスト・ファンドというよりエンゲージメント・ファンドだが，みさき投資の中神康議社長が丸井グループの社外取締役に，新田孝之シニア・マネージング・ディレクターが2015年からピジョンの社外取締役になっている。みさき投資株式会社の中神康議社長は，2022年2月に日本コーポレートガバナンス・ネットワークで行った講演で，「日本経済が長期低迷しているのは経営のOSに問題があるからだ。経営者と投資家の『薩長同盟』で経営のOSを刷新する必要がある。北米ではアクティビスト・ファンドが株主還元一辺倒を止めて，自らがボードに乗るか推薦者を乗せる"Board3.0"が起きている。私は"Board3.0"の実現のため，丸井グループの社外取締役＆戦略強化委員会委員長に就任し，従業員持ち株会の充実等を進めている」と語った。

　一方，アクティビスト対応で有名な西村あさひ法律事務所の太田洋弁護士は，商事法務2022年5月25日号に寄稿した「アクティビストからの取締役受入れと"Board3.0"の議論」で，「米国のBoard3.0論は，取締役会がBoard3.0に深化しなければならないとの主張であって，アクティビストから取締役を迎え入れよという主張ではない」と述べた。

図表3-5　ファンド出身者が社外取締役に就任している主な企業

コード	会社名	取締役名	就任日	ファンド名
3776	ブロードバンドタワー	今井英次郎	2022年3月	ファラロン・キャピタル・マネジメント
4185	JSR	デイビッド・ロバート・ヘイル	2021年6月	バリューアクト
NA	東芝	今井英次郎	2022年6月	ファラロン・キャピタル・マネジメント
		ナビール・バンジー	2022年6月	エリオット・マネジメント
		ワイズマン廣田綾子	2022年6月	キングドン

		レイモンド・ゼイジ	2022年6月	ファラロン
6702	富士通	バイロン・ギル	2023年6月	インダス・キャピタル
6789	ローランド ディー.ジー.	ブライアン・ヘイウッド	2020年3月	タイヨウ・ファンド
7733	オリンパス	デイビッド・ロバート・ヘイル	2019年6月	バリューアクト
7944	ローランド	ブライアン・ヘイウッド	2022年3月	タイヨウ・ファンド
7956	ピジョン	新田孝之	2015年4月	みさき投資株式会社
8252	丸井グループ	中神康議	2021年6月	みさき投資株式会社
9107	川崎汽船	内田龍平	2019年6月	エフィッシモキャピタル

注：敬称略。2023年末時点。ファンド名には主な出身ファンドを記載。このリストは推奨銘柄でない
出所：会社資料よりみずほ証券エクイティ調査部作成

元投資家・アナリストの社外取締役としての採用はあまり増えず

　我々は日本の株式市場が良くなるためには，市場関係者の経営参画がもっと増えるべきと考えている。2021年のコーポレートガバナンス・コードの改訂で，3分の1以上の独立社外取締役が求められたため，市場関係者の独立社外取締役が増えると期待していたが，思ったほど増えなかった。

　市場関係者の独立社外取締役が増えることで，①社外取締役との対話を求める運用会社が増える中，アクティビストを含む投資家との対話がスムーズになる，②いかに時価総額を増やすか，社外取締役からアドバイスを受けることができる，③市場関係者を社外取締役に採用すれば，株式市場を重視しているとのシグナルになるなどのメリットが期待された。

　一方，投資家・アナリストを社外取締役として採用することに対する反対論として，①機関投資家やアナリストは一会社員にすぎず，教授や役員等の肩書がない，②市場関係者は評論家的で，企業経営の経験がない，③経営者に対して耳が痛いことを言いがちであるなどが指摘された。

　こうした賛否両論がある中，元モルガンスタンレーの電機のトップアナリストや投資銀行部門担当の副会長だった山本高稔氏は，日立製作所や村田製作所の社外取締役を務めている。同じくモルガンスタンレーの電子部品のトップアナリストだった村田朋博氏は，上場コンサルティング会社のフロンティア・マネジメントの執行役員と同時に，山一電機と伯東の社外取締役を務めている。

フランクリン・テンプルトン・ジャパンのCIOやSBI岡三アセットマネジメントの常務を務めた大原透氏は，2020年以降小田急電鉄の社外取締役を務めている。三井住友DSアセットマネジメントや大手ヘッジファンドのミレニアムのアナリストだった百谷淳一氏が，2022年6月に工作機械のツガミの代表取締役に就任したのは驚いたが，2023年に退任された。武蔵精密は2022年6月の株主総会で，ゴールドマンサックス・アセットマネジメントやカタリスト投資顧問でESG等を担当してきた小野塚惠美氏を社外取締役に採用した。女性の社外取締役に対するニーズが強い中，メリルリンチ日本証券（現バンカメ証券）の金融アナリストだった大槻奈那氏は，クレディセゾンと持田薬品の社外取締役，東京海上HDの社外監査役を務めている。

　大手運用会社の役員を務めた男性からも社外取締役になりたいとの相談を受けることがあるが，中高年男性を社外取締役にしたいとの企業のニーズは低いようだ。

7　個人投資家がアクティビストの投資を自らの投資に活用する方法

　アクティビストの5％以上の保有比率をみるには，金融庁のEDINETが基本だが，"AyapaniDB"という無料サイトで，最近開示された大量保有報告書やコーポレートガバナンス報告書を手軽に閲覧することができる。投資家がアクティビスト投資を投資アイディアに結び付ける方法には以下の5つあるが，実際の投資に当たっては投資対象企業の慎重な分析が重要だ。

①コバンザメ投資
　村上ファンド系等は5％の大量保有報告書を提出した後，保有比率を引き上げることが多い。逆に，株主総会招集通知等に記載されたアクティビストの5％未満の保有比率に着目した投資が行われる場合もある。コバンザメ投資を行うのは，個人投資家やイベントドリブンのヘッジファンドが多く，大手機関投資家は行っていないようだ。
②アクティビストからの投資がきっかけで再編期待の高まる業界への投資
　ドラッグストア，ホームセンター，半導体材料，建設などアクティビストによ

る投資の結果，業界再編期待が高まっている業界への投資。

③社長の選任議案の賛成率が低い企業への投資

社長の選任議案の賛成率が大きく下がった企業に対して，今後の経営改革を期待して投資する。

④何度もまたは何年もアクティビストの投資対象になる企業への投資

アクティビストからしつこく投資される企業は最終的に経営が変わったり，上場廃止に向かう可能性があろう。

⑤低PBR対策の本気度が高い企業への投資

2023年時点ではJVCケンウッド，ウシオ電機，SWCC，セイノーHD，稲畑産業，北国FHD，コンコルディアFGなどが挙げられた。

アクティビストが投資対象として検討する可能性がある企業

アクティビストの投資戦略は多様である。米国大手アクティビストは大型株をターゲットにするが，日本に参入しているアクティビストは規模が小さいので，中小型株が投資対象になることが多い。一般的には，低PBR＆低ROEで政策保有株式やネットキャッシュ比率が高い企業がアクティビストの投資対象になりやすい。

大手アクティビストも，投資対象を選ぶ際に客観的な財務条件でスクリーニングするという話を聞いた。また，我々はウィークリー・レポートに，様々な観点から「今週のスクリーニング」を掲載しており，我々が行ったスクリーニングに対して，海外アクティビストから質問をいただくことがある。さらに条件を変えてスクリーニングしたいので，原データをエクセルで送って欲しいというリクエストを受けることもある。スクリーニング結果は，誰が行っても同じ結果になるため，そこからどの企業を投資対象にするかは，投資家の長年の経験や定性判断に基づく。

アクティビストが投資する際には，株式（業界用語では「玉」と呼ぶ）を集めることができるか，投資対象先の経営者が外部の意見を聞く耳を持つか，リーダーシップが弱いかなどが重要な判断基準だ。普通の機関投資家であれば，事前の取材なしに投資することはないだろうが，アクティビストは取材を断られることも少なくないので，一定のポジションを作ってから，株主として取材

に行く場合もある。

図表3-6　低PBR＆低ROEで，政策保有株式の純資産比率が高い企業

コード	会社名	業種	株価 （円）	時価総額 （10億円）	22年度		
					実績PBR （倍）	実績ROE （％）	政策保有株式 /純資産（％）
8359	八十二銀行	銀行	1,025	526.6	0.53	2.6	48.9
8368	百五銀行	銀行	632	160.6	0.41	3.7	47.6
1860	戸田建設	建設	1,019	328.6	0.99	3.5	47.3
8366	滋賀銀行	銀行	4,075	216.3	0.44	3.3	46.8
8522	名古屋銀行	銀行	6,550	109.7	0.46	3.3	46.1
5830	いよぎんHD	銀行	1,203	377.0	0.49	0.0	45.1
8361	大垣共立銀行	銀行	2,224	93.0	0.32	1.6	36.3
3106	倉敷紡績	繊維	3,485	66.2	0.65	5.6	33.3
3151	バイタルケーエスケー・HD	卸売	1,212	62.9	0.63	4.9	30.9
8386	百十四銀行	銀行	2,967	85.4	0.31	3.2	30.7
8524	北洋銀行	銀行	456	182.0	0.44	2.4	29.5
7380	十六FG	銀行	4,590	174.1	0.43	4.7	29.4
1803	清水建設	建設	883	656.9	0.77	5.9	29.4
2692	伊藤忠食品	卸売	7,200	91.6	0.92	5.0	28.5
5715	古河機械金属	非鉄	1,997	80.8	0.74	6.2	28.1
8367	南都銀行	銀行	3,055	100.9	0.37	1.7	28.0
4506	住友ファーマ	医薬品	407	161.9	0.40	-14.7	26.8
4676	フジ・メディア・HD	情報通信	2,044	478.6	0.54	5.7	25.5
8388	阿波銀行	銀行	2,642	108.4	0.39	3.6	24.6
8242	H2Oリテイリング	小売	1,961	245.5	0.92	6.7	24.3
8377	ほくほくFG	銀行	1,967	352.2	0.44	3.5	23.6
4205	日本ゼオン	化学	1,362	312.5	0.86	3.2	23.5
7327	第四北越FG	銀行	4,425	203.3	0.48	4.2	23.1
7322	三十三FG	銀行	1,991	52.1	0.27	3.0	22.4
8360	山梨中央銀行	銀行	1,806	59.2	0.29	2.5	22.4
5943	ノーリツ	金属製品	1,763	85.6	0.70	4.2	22.1
7381	北國FHD	銀行	5,150	129.8	0.56	3.6	22.1
5232	住友大阪セメント	ガラ土	3,829	131.4	0.72	-3.0	21.6

| 6741 | 日本信号 | 電機 | 1,033 | 70.6 | 0.72 | 4.6 | 21.6 |
| 3591 | ワコールHD | 繊維 | 3,420 | 208.6 | 0.95 | -0.8 | 20.0 |

注：データは2024年 4 月12日時点。時価総額500億円以上8,000億円未満。2022年度の実績PBRが 1 倍
　未満，実績ROEが8%以下，政策保有株式の純資産比率が20%以上。このリストは推奨銘柄でない
出所：QUICK Astra Managerよりみずほ証券エクイティ調査部作成

前書でスクリーニングした企業のその後

　2000年に執筆した『TOB・会社分割によるM&A戦略』では，買収魅力度＝
（現預金＋一時保有有価証券－売上×0.05＋関連会社を除く投資有価証券＋有
価証券含み益×0.6＋土地×0.5＋土地含み益×0.3－有利子負債）÷時価総額で
計算し（当時と会計基準が変わっているので，同じ計算はできない），資産価
値から見て株価が割安な企業をスクリーニングした。このリストの上位には昭
和飛行機工業，片倉工業，浅沼組，新立川航空機，奥村組，中電工，日阪製作
所などが入った。

　昭和飛行機工業は2014年にTOBで三井E&Sの子会社になった。エフィッシ
モキャピタルの投資先になった新立川航空機は2011年にMBOで上場廃止に
なった。キャッシュリッチの日阪製作所は，2000年代半ばにスティール・パー
トナーズの大量保有先になった。片倉工業は2018年にオアシス，浅沼組は2019
年にストラテジックキャピタルから株主提案を受けた。奥村組は株主提案を受
けていないが，シルチェスターは，株価動向に応じて保有比率を増やしたり減
らしたりしている。

　2020年に『アクティビストの衝撃』を書いた際には，第 7 章の「アクティビ
ストの投資対象になる可能性がある企業」に，①キャッシュリッチの低PBR＆
低ROE企業，②外国人保有比率が高い低PBR＆低ROE企業，③自社の時価総
額に比べて保有株式の時価総額が大きい企業を掲載した。

　①のリストに掲載された企業では，大正製薬HDが2023年11月にMBOを発表
した。帝国通信工業は，2023年12月に英国のNAVFが大量保有報告書を提出し
た。②のリストに掲載された企業では，セブン＆アイ・HDとJSRがバリュー
アクトのエンゲージメント対象になった。リコーは，長年，エフィッシモキャ
ピタルの投資先になっている。③のリストには，ベネフィット・ワン株を持つ
パソナグループ，任天堂株を持つ京都FG，オリエンタルランド株を持つ京成

電鉄などが入った。2023年末にベネフィット・ワンはエムスリーと第一生命HDによるTOB合戦になり，第一生命HDが買収した。京成電鉄は英国のパリサー・キャピタルの投資先になった。

　もちろん，こうした表に掲載されながらもアクティビストの投資対象にならない企業も多いので，スクリーニングにだけ基づいてアクティビストの投資対象を予想するのは難しい。

何度もまたは複数のアクティビストの投資対象になる企業

　経営上に何らかの問題を持つ企業は，時を経て，異なるアクティビストの投資対象になることがあるし，また同時期に複数のアクティビストから投資される場合もある。

　2022年の株主総会でオアシスの株主提案が一部成立したフジテックは，2007年にダルトン・インベストメンツが約15％を取得し，赤字だった欧州事業の売却やMEBO（経営陣と従業員による買収）を提案されたことがあった。

　2023年12月に３Ｄインベストメント・パートナーズが14.8％まで保有比率を引き上げたサッポロHDは，2000年後半にスティール・パートナーズに20％近い株式を保有されてTOBを提案されたことがあった。

　英国のAVIの上位保有銘柄になっているTSI HDは，村上世彰氏が２度にわたって株主提案を行って否決された東京スタイルとサンエーインターナショナルが2011年に経営統合してできた会社である。

　AVIは，2018年にTBS HDに東京エレクトロン株の売却提案を行ったが，TBS HD（当時は東京放送）は2005年に旧村上ファンドに大量保有報告書を出された後，楽天グループに買収を提案されたこともあった。

　帝国繊維は，2018～2019年の株主総会でスパークス・アセット・マネジメント，2020年の株主総会でAVIから株主提案を受けたが，ともに否決した。

　東洋建設は2022～2023年にYFOからTOBを受けたが，その前には村上ファンド系が大量保有報告書を出していた。

　文化シヤッターは2023年６月の株主総会で，NAVFから２つ，ストラテジックキャピタルから８つの株主提案を受けたが，11～30％の賛成率で否決した。

　北越コーポレーションは2023年にオアシスから，「今こそ責任追及を：北越

のコーポレートガバナンス改革」とのキャンペーンを受けると同時に，NAVF
から株主提案を受けた。

　シルチェスターは，京都銀行（現京都FG）の2023年6月の総会で，2年連
続で株主提案を行ったが，同じ英国の成長株投資を得意とする大手運用会社の
ベイリーギフォードも京都FGとエンゲージメントを行ったと発表したことに
驚いた。

アクティビストの投資による企業の変化

　一般にアクティビストに投資された企業は，現預金を吐き出してしまい成長
投資のための資金がなくなるため，成長力が低下するという批判と，コーポ
レートガバナンス意識を強めて資本効率性が改善するというポジティブな見方
がある。

　結局は社長の意識・経営手腕次第といえよう。アクティビストの投資後も，
経営パフォーマンスが長期間低迷しているとみられる企業には，次のような事
例がある。

ブルドックソース

第1章で記述したように，2007年にスティール・パートナーズに対して，日本企
業初となる買収防衛策を発動したが，その後営業利益が長年横ばいにとどまって
いる。

アイネス

2014年の株主総会でストラテジックキャピタルから，ROEが2.4％，PBRが0.55倍
と低迷しているとして，DPS27円の株主提案を受けて否決したが，2015年に
「ROE向上に向けた資本政策」を発表した。①発行済株式の33％の自己株式の消
却と追加自社株買いの発表，②買収防衛策の廃止，③遊休資産の売却等を行った
が，その後も本業が低迷し，低ROE体質から脱却できていない。

新明和工業

2018年に村上ファンド系から24％の株式を取得され，2019年に①発行済株式の
28％の自社株買い，②ROE8％，③総還元性向70-80％等の株主価値向上策を発
表したが，2022年度まで利益は横ばい傾向で，ROEの8％目標も未達だった。

サッポロHD

サッポロHDは2007年3月と2010年3月の株主総会で，スティール・パートナーズとの議決権闘争に勝利して買収を免れたが，業績は過去20年ほぼ横ばいにとどまっていることで，3Dインベストメント・パートナーズから株主提案を受けている。

　一方，アクティビストの投資後に経営改革に成功したとみられる企業としては，次のような事例がある。

片倉工業

2017年の株主総会でオアシスからROEを意識した経営への定款変更，社長解任の株主提案を受けて否決した後，2018年に事業再編やROE向上策を発表し，2021年にROE8.2％を達成した（ただし，2022〜2023年は再び5％割れ）。2021年12月にオアシスは保有株11％を短期大量譲渡し，鹿児島東インド会社（光通信の重田康光会長の子息が経営）が取得した。

ヒューリック

2000年に旧昭栄が村上ファンドからTOBを受けた後，電子部品や繊維事業を止めて不動産業に集中し，2012年にヒューリックと合併し，従業員1人当たり年収1,900万円（2022年）の不動産優良企業に変貌した。

ダイワボウHD

エフィッシモキャピタルに43％取得された上場子会社のダイワボウ情報システムの株式をTOBで取得し，繊維企業から，売上の約9割をITインフラが占めるIT企業に変貌した。

学研HD

2010年にエフィッシモキャピタルから自社株20％弱を買い取り，同年に就任した防衛大学校卒の宮原博昭社長の下，学習教材中心から医療福祉分野への事業拡大と経営を多角化し，業績を拡大した。

第4章
アクティビストを巡る法制度

1 外為法改正はアクティビストの阻害要因にならなかった

　2020年6月に施行された外為法改正は，施行前にアクティビストの日本株投資の障害になるとの懸念が出たが，障害にはならなかった。外為法は国の安全を守るものであり，アクティビスト排除法ではない。

　外為法に基づく投資管理制度では，①投資家が「外国投資家」に該当するか，②対象会社が営む事業が一定の指定業種に該当するか，③投資行為が「対内直接投資等」または「特定取得」に該当するかの3つの要素を充足する場合に事前届出義務がトリガーされる。

　事前届出義務がトリガーされる場合，事前届出を提出するか，事前届出免除制度を利用するか，手続不要類型に該当して義務が解除される必要がある。事前届出では，待機期間中に安全保障等の観点から国による審査が行われ，リスクがある場合には投資の変更・中止命令が出される。しかし，実際の実務では，変更・中止命令の代わりに，事前届出書に一定の遵守事項を記載することで，届出者の負担が大きい変更中止命令のプロセスに進まず，審査を終了させる取扱いが一般的である。

　遵守事項は案件ごとに異なる。アクティビスト関連の遵守事項の類型としては，①国の安全等の観点から重要な事業の譲渡・廃止等を提案しないこと，②発行会社に対して役員や重要な従業員を派遣しないこと，③発行会社の国の安

全等の観点から重要な情報にアクセスしないこと，④発行会社の重要事業を揺るがすようなキャッシュアウトを要求しないこと等が挙げられる。

　事前届出免除制度には包括免除，オレンジ一般免除，イエロー一般免除の３種類があり，それぞれ利用できる投資類型・主体・範囲，免除基準，事後報告の閾値が異なる。包括免除は外国金融機関のみが利用できるが，海外のアクティビストが当該国で投資業に関連する許認可等を受けている場合には，外国金融機関として包括免除の利用対象になるため，海外大手アクティビストの中には包括免除を受けているケースもあるようだ。包括免除は上限・業種の限定がなく，事後報告の閾値は10％以上である。過去に外為法上の中止命令が出された唯一の事例は，2008年の英国のTCIによる電源開発株の取得のケースだった。

2　公開買付制度・大量保有報告制度の改正

　金融庁が2023年12月に発表した公開買付制度・大量保有報告制度の改正案は，アクティビスト活動に大きな影響を与えると予想される。

　2023年６月の金融審議会「公開買付制度・大量保有報告制度等ワーキンググループ」の事務局説明資料には次のような記述がある。

　　日本では公開買付制度は1971年，大量保有報告制度は1990年に導入され，2006年以降大きな改正がなされなかったため，近時の資本市場における環境変化を踏まえ，両制度のあり方について検討を行うことが諮問された。

　　2006年の改正では，全部買付義務が導入され，特例報告制度の適用範囲の明確化等が行われた。その後，市場内買付による敵対的買収の増加，M&Aの多様化，パッシブ投資の増加，協働エンゲージメントの拡大，企業と投資家の対話の重要性の高まりなどの環境変化があった。

　　大量保有報告制度は，保有情報を迅速に開示させることで，市場の透明性・公平性を高め，投資家保護を図ることが趣旨である。株式の大量保有に関する情報は，経営に対する影響力と市場における需給の観点から重要だが，近時は前者の重要性が増している。

一般報告では保有比率が５％を超えた場合と重要な変更があった場合，５営業日以内に報告しなければならない。大量の銘柄を保有する金融商品取引業者等に対しては，保有割合が10％以下，重要提案行為を保有目的としないこと等を条件に，月２回の報告で済む特例報告制度がある。

　現行法の重要提案行為は，発行者の事業活動に対して重大な変更を加える目的や重大な影響を及ぼす目的で，金商法施行令に規定された12項目（役員構成の重要な変更，資本政策の重要な変更等）を提案することと定義されているが，定義が不明確であることが，機関投資家のエンゲージメントを委縮させているとの指摘が長年あった。

3　重要提案行為の明確化

　2014年のスチュワードシップ・コードの策定を踏まえた法的論点に係る考え方の整理は，①経営方針等の説明を求める，②議決権行使予定等の説明，③株主総会で質問を行うことは，「重要提案行為」に該当しない可能性が高いとする一方，④具体的事項の総会決議を求める，⑤経営方針等の変更を求めるといった行為は該当する可能性が高いとしたが，両者ともあくまで「可能性」であり，曖昧な分類だった。

　「共同保有者」についても，①法令上の権利の行使以外の株主としての一般的な行動についての合意に過ぎない場合，②他の投資家との話合い等において，各々の議決権行使の予定を伝え合い，それがたまたま一致したに過ぎないような状態では，「共同保有者」に該当しないとされた。しかし，大手金融機関系の運用会社は，親会社の保有分と合算されて保有比率が計算されるため，海外アクティビストから意見交換の場を求められても，親会社の保有分とも合算して共同保有報告書を出す必要性が出てくることを恐れて，躊躇するケースがあった。

　金融庁による改正案で，重要提案行為の定義の明確化については，役員の指名や一定割合以上の議決権の取得など企業支配権等に直接関係する行為は重要提案行為に当たるものの，配当方針・資本政策に関する変更などといった企業

支配権等に直接関係しない事項の提案行為は，原則重要提案行為に当たらないとされた。共同保有者については，共同して重要提案行為等を行うことを合意の目的とせず，かつ継続的でない議決権行使に関する合意をしている機関投資家を共同保有者の範囲から除外することが適当とされた。

これらの措置が実施されれば，機関投資家による協働エンゲージメントが促進されると期待される。大手金融機関系の運用会社は保有銘柄を自社と親会社の合算として報告しているが，両社が別個独立に議決権行使等に関する判断を行う体制が整備されている場合，共同保有者から除外されるとしたことの実務上のインパクトは大きいだろう。

図表4-1 現行の重要提案行為の定義と改正の方向性

	現行法	改正の方向性
行為	提案	提案
提案相手	株主総会，役員	株主総会，役員
提案目的	発行者の事業活動に重要な変更を加える目的，重要な影響を及ぼす目的	発行者の事業活動に重要な変更を加える目的，重要な影響を及ぼす目的
提案内容	金商法施行令に規定された12項目～役員構成や資本政策の重要な変更等	支配権に直接関係する行為～役員の指名，一定割合以上の議決権の取得等。配当方針・資本政策の変更等それ以外の行為
提案態様	発行会社の主体的意思に基づく要請に応じて行う意見陳述は該当しない	態様を問わず，広く重要提案行為に該当。採否のみを経営陣に委ねない態様の場合のみ，重要提案行為に該当

注：2024年1月時点
出所：森・濱田松本法律事務所資料よりみずほ証券エクイティ調査部作成

4 エクイティ・デリバティブも大量保有報告制度の適用対象になる

アクティビストは保有比率5％までは，いかに投資先企業に知られずに，マーケットインパクトを出さずに，静かに株式を集められるかが腕の見せ所になる。エクイティスワップ等のデリバティブを使って，株式を実質的に集めることも少なくない。

アクティビストはヘッジファンド形態を取り，ヘッジファンドには株券の貸し借りなどを行うPB（プライム・ブローカー）がいて，そのほとんどは外資系大手証券である。ゴールドマンサックスやモルガンスタンレー等がPB業務に強みを持つ。

　日系証券では信用リスクや事業会社との関係性の観点から，アクティビストとはエクイティスワップ等を行わないというところもある。株式持合の解消が盛んになる中，事業会社は持合解消された株式の行き先を心配しているので，証券会社を通じて，持合解消の株式がアクティビストに渡ったことが分かると，事業会社はその証券会社と取引を止めるといったケースも起こり得る。

　現行法上，現金決済型のエクイティ・デリバティブのロングポジションは大量保有報告制度の適用対象にならないが，デリバティブを使って株式を集める海外アクティビストが増えているため，エクイティ・デリバティブも大量保有報告制度の適用対象にすることになった。大量保有報告書が年1.4万件（2019年から2022年までの平均値）提出される中，年1,500件の提出遅延が発生しているため，ペナルティの強化も検討されることになった。「金商法等改正案」は2024年3月15日に通常国会に提出され，6月までに成立する見込みである。

5　実質株主の透明性向上

　現在，保有割合5％以下の実質株主を把握する制度がないため，企業と株主の対話促進の観点から，実質株主の透明性を高める必要性が指摘されてきた。例えば，トヨタ自動車の2022年度有報の大株主の状況では，1位の株主が日本マスタートラスト信託銀行，3位が日本カストディ銀行，5位がJPモルガンチェースバンクとカストディアン名義だった。

　発行会社に名義株主・実質株主に関する質問権を与える欧州型の制度に倣った制度を整備する方向での対応が検討されている。まずはソフトローに盛り込んで，その後ハードローで手当てされる可能性がある。

　日本の大株主は信託銀行などカストディアン名義が多いため，企業は株主判明調査会社に有料で実質株主の調査を依頼するケースが多い。金融庁のワーキンググループは，実質株主の透明性については，米国型のForm13F制度と欧

州型が議論したうえで，今後，欧州の制度を参考に適切な制度整備等に向けた取り組みを進めるべきだと提言した。

　機関投資家の行動原則（スチュワードシップコード）として，保有状況を発行会社から質問された場合には回答すべきであることを明示し，その後，そのような回答を法制度上義務づけることを検討すべきとした。その際，企業が得た実質株主に係る情報の有報等を通じた開示も検討するとした。

　ただし，成城大学法学部の山田剛志教授が2023年4月6日付日本経済新聞に掲載された「経済教室」で述べた，「実質株主の日々開示が不可欠」という提案は検討対象にならなかった。山田教授は，システム上実質株主を日々把握することは可能なので，株式市場の透明性・公平性を高めるために，それを日々開示すべきだと主張していた。

　2024年1月にみずほ証券が開催した事業会社向けのセミナーで，受講者に大量保有報告制度の見直しについて尋ねたところ，「今までより実質株主を見つけやすくなる点は評価したい」という意見が最も多かった一方，「改正案でも実質株主の判明制度は依然不十分だ」との声が2番目に多かった。実質株主が判明しやすくなることについて，会社や市場に知られずに株式を集めることが難しくなると懸念しているアクティビストがいた。

(1)　アクティビストの5％未満のポジションの判明

　通常アクティビストのポジションは，大量保有報告書が提出されるか，株主提案が提出されないと分からないが，5月末〜6月上旬に株主総会招集通知や有報が開示されると，上位10位の株主であれば，5％未満の保有比率でもアクティビストのポジションが判明する。

　株主総会招集通知や有報を全て手作業で閲覧するのは不可能といえるが，市場には株主総会招集通知を細かくチェックしている人もいるようだ。牧野フライス製作所が2023年5月29日に公表した株主総会招集通知で，オアシスが3.1％の株式を保有する第5位の株主であることが判明し，同日に株価が一時前日比＋7％上昇したことが，その表れである。

　NAVFは石原ケミカルに株主提案を提出していたので保有は判明していたが，5％超でないためその保有比率は分からなかったが，株主総会招集通知で，

NAVFの保有比率が4.9％で第4位の株主であることが判明した。

村上ファンド系は2023年3月期の第2四半期報告書で，秋田銀行や八十二銀行の上位10の株主だったが，2023年の両行の株主総会招集通知に掲載された上位10の株主から姿を消していた。コーナン商事の2022年度有報では，シティインデックスイレブンスが3.9％を保有していることが判明し，村上ファンド系は地銀ではなく，ホームセンター業界の再編に関心を高めていると推測された。電子部品商社は村上ファンド系の長年の投資先だが，レスターHDの2022年度有報によると，シティインデックスイレブンスが2.3％を保有する第8位の株主だった。

3Dインベストメント・パートナーズが大量保有報告書を提出した企業は東芝や富士ソフトなどに限られるが，ダイワボウHDの2023年度2Q四半期報告書で，3Dが2.1％の株式を保有する第7位の株主であることが判明した。

(2) 市場内で30％超の株式を取得する場合もTOBが義務化

金融庁の金融審議会の公開買付制度・大量保有報告制度等ワーキンググループは，2023年6月に開催した会合で公開買付制度について，①市場内取引（立会内）について強制公開買付規制の適用対象にすべき，②第三者割当について強制公開買付規制の適用対象とすべき，③3分の1ルールの閾値を下げるべき，④欧米型の規制（事後的な規制）への転換の是非についても検討すべき，⑤オプトイン・アウト制度を設けるべき，⑥公開買付の「強圧性」の問題を解消・低減させるため一定の措置を講じるべき，⑦公開買付における事前の救済措置として，公開買付の差止制度について検討すべき，⑧公開買付規制違反に対する事後的な救済措置を拡充すべき，⑨各種規制は個別事案を踏まえた柔軟な運用を可能とすべきとの指摘があるとの認識を示した。⑥の「強圧性」とは，支配権取得後に対象会社の企業価値が毀損することが予測される場合，株主はTOB価格に不満でも，応募するよう強いられるという問題である。金融庁の金融審議会は2023年12月の改正案で，現行制度上，市場外取引または市場内（立合外）による買付け等の後の株券等所有割合が3分の1超となる場合にTOBの実施が義務づけられているが，閾値を30％に引き下げたうえで，市場内取引（立合内）についてもTOBが義務づけられるとした。

近年，村上ファンド系など，市場内取引を通じて議決権の3割超を短期間に取得する事例がみられ，会社支配権に重大な影響を及ぼす取引について，投資判断に必要な情報・時間が一般株主に十分与えられていない問題が指摘されていたためである。強圧性の問題を巡って，部分買付を禁止すべきかどうかについては結論を得られなかったため，継続検討の項目とされた。

6　経産省のMBO・M&Aに関する指針

経産省の2007年9月の「MBO指針」は，MBOに関する公正なルールの在り方として，原則論を含めた考え方を整理するとともに，実務上の対応を提示した。

同指針はMBO価格について，MBOに際して実現される価値=①MBOを行わなければ実現できない価値＋②MBOを行わなくても実現可能な価値に分解した。②は株主が得るべきものとされた一方，①は株主が得るべきものと取締役（買収者）が得るべきものの双方が含まれるとされたが，①と②を一義的・客観的に算定することは困難とされた。

経産省は2019年6月に，「MBO指針」策定後の約10年間の実務，裁判例の蓄積や経営環境の変化等を踏まえて，「MBO指針」を改訂し，「公正M&A指針」を策定した。同指針は，公正な手続を構成する公正性担保措置のうち，一般に有効性が高いと考えられる典型的な措置を列挙し，その機能や望ましいプラクティスの在り方を提示した。独立した特別委員会の設置，外部専門家の独立した専門的助言等の取得，他の買収者による買収提案の機会確保，一般株主への情報提供の充実とプロセスの透明性向上，強圧性の排除などがその内容だった。

同指針はM&Aに新たな規制を課すものではなかったが，公正性担保措置が実効的に講じられている場合には，「公正な価格」についての裁判所の審査においても，当事者間で合意された取引条件が尊重される可能性が高くなることが期待されるとした。同指針は買収対価について，「MBO指針」で示されたMBO（M&A）に際して実現される価値についての概念整理を踏襲した。

(1) 経産省の「企業買収における行動指針」に対する市場関係者の意見

　経産省が2023年8月末に決定した「企業買収における行動指針」は，法的拘束力はないが，ニデックによるTAKISAWAの買収の際にもみられたように，M&Aの実務に大きな影響力を与えた。

　同指針は，①企業価値・株主共同の利益の原則，②株主意思の原則，③透明性の原則を3つの原則として挙げて，企業価値を定義し，望ましい買収とは何かを議論し，株主意思の尊重と透明性の確保のための手段，買収提案を巡る取締役と取締役会の行動規範等について説明した。外国人投資家の関心も高いため，指針は日英同時開示となった。

　同指針には確定前に320もの意見が寄せられ，経産省はいずれにも丁寧に回答した。「従来のガイドラインから進化し，価値創造的なM&Aの促進，上場会社の経営に対する規律付けとバランスが取れている」と評価する意見があった。「日本企業が海外企業に買収されやすくなることには大反対だ。日本企業を守ってください」との感情的な意見もあった。一方，「企業価値を高める提案を安易に断ることにならないように，PBRが長期的に1倍を下回っている企業が買収提案を断る場合は，企業価値向上に向けた具体策を提示することが求められる」といった文言を追加すべきとの意見に対して，経産省は「特定の指標のみを取り上げた記載はしなかった」と回答した。なお「日本においても今後一層ウルフパック戦術が活発化される可能性が高く，買収者の透明性の遵守がこれまで以上に重要」との意見があったが，我々はウルフパック戦術が直ちに増えるとはみていない。

　セブン＆アイ・HDのそごう・西武売却では，労組がストライキを起こしたが，「ステークホルダーには株主のみならず，従業員や取引先等も含まれる。買収者からの情報提供にはステークホルダーへの影響についての情報も含むべきであることに全面的に賛同する」との意見があった。持合解消が緩やかな中，「本指針が安定株主工作を助長するものではないこと，取締役会は少数株主の利益に配慮する責任があることを明記すべき」との意見があった。

　村上ファンド系が大量保有報告書を提出していたコスモエネルギーHDは，

2023年6月の株主総会で買収防衛策のMoM決議を行ったが，「買収防衛策に関する株主意思確認総会において，MoM決議について非常に例外的で限定的な場合に限られると抑制的なガイダンスをされている点が評価できる」との声があった。

⑵ 経産省のM&A指針における買収防衛策の扱い

経産省の「企業買収における行動指針」は買収防衛策について，「業績が低迷するなど経営を改善する余地が大きく，買収の経済的意義が発揮されやすい企業において対応方針（買収防衛策）が導入されやすい傾向があった。このような会社において買収への対応方針が導入され，これが経営陣の保身のために設計・運用されることとなれば，望ましい買収提案の躊躇や，買収を通じた規律付けの低下，買収提案に対する真摯な検討の阻害を生む結果となりかねない。会社としては，対応方針の導入を検討するのであれば，平時から企業価値を高めるための合理的な努力を貫徹するとともに，それが時価総額に反映されるよう取り組むことが求められる」と警鐘を鳴らした。

経産省の指針は，「対応方針については，特定の買収者が現れる前に平時にルールを定めて公表しておくことで，一定以上の株式を取得する場合に対応方針が用いられ得ることについて，買収者・株主等の関係者の事前の予見可能性が高まる点が指摘される。ただし，特にこうした類型の平時導入の対応方針については，導入企業と機関投資家との間で評価が乖離する場合があり，会社が合理的な対応方針と考える場合でも，株主や機関投資家の理解と納得を得られなければ，これを用いることは実際には困難である」と述べた。

7 買収防衛策を巡る論点と裁判所の判断

⑴ 導入している低ROE＆低PBR企業

過去5年の平均ROEが5％未満かつPBRが1倍未満で買収防衛策を持つプライム企業をスクリーニングした。

リストに載った企業のうち，2023年にTAKISAWAが当初抵抗しながらもニ

デックに買収されたことは，買収防衛策を導入していても，真摯な買収提案に対しては真摯に検討をして，受け入れざるを得ないことを示した。焼津水産化学工業は，ナナホシマネジメントに株主提案された後，非上場化を表明したが，村上ファンド系と3Dインベストメント・パートナーズによる株式の買い集めにあって，非上場化に失敗した。ヨロズは，村上ファンド系と10年近くにわたる闘いが続いている。ユシロ化学は，2004年にスティール・パートナーズから仕掛けられたTOBから逃れたが，ROEとPBRは長期にわたって低迷している。

　中村屋，フジッコ，ノーリツ，小森コーポレーションなども低ROE＆低PBRの買収防衛策導入企業である。平時型の買収防衛策には原則反対する運用会社が多いため，2023年6月の株主総会で持合比率が低い企業の買収防衛策への賛成率は低くなった。アネスト岩田，日本冶金工業，コスモエネルギーHDの買収防衛策への株主全体の賛成率は50％台だった。2024年に買収防衛策の満期が来る企業には，GMOインターネットグループ，イオン，西松屋チェーン，象印マホービン，ヨロズ等がある。

　GMOインターネットグループは，2018年にオアシスから買収防衛策の廃止を提案されたが，僅差で否決した。象印マホービンは，中国の家電大手ギャランツ創業家に15.5％の株式を保有された2022年の株主総会で買収防衛策を導入した。同株主総会では，リム・アドバイザーズから買収防衛策の廃止や資本コストの開示等を提案されたが，否決した。

　西松屋チェーンに対しては，エフィッシモキャピタルが2023年10月に5.6％で大量保有報告書を提出した。鉄道会社が同意なき買収提案を受ける可能性は低いと思われる中，西日本鉄道などの鉄道会社も買収防衛策を導入しているのは，2019年にJR九州がファーツリーに株主提案を受けたトラウマの反映かもしれない。

図表 4 - 2 過去 5 年の平均ROEが 5 ％未満，PBRが 1 倍未満で買収防衛策を持つプライム企業

コード	会社名	業種	株価（円）	時価総額（10億円）	過去1年株価変化率（%）	22年度 実績PBR（倍）	過去5年 平均ROE（%）
1662	石油資源開発	鉱業	7,150	388.2	54.6	0.91	3.7
2009	鳥越製粉	食品	685	17.8	14.2	0.48	2.8
2204	中村屋	食品	3,140	18.8	0.6	0.73	0.7
2221	岩塚製菓	食品	2,613	31.3	12.9	0.47	3.3
2812	焼津水産化学工業	食品	1,433	16.4	70.8	0.86	2.2
2908	フジッコ	食品	1,911	57.4	2.7	0.79	4.2
3106	倉敷紡績	繊維	3,485	66.2	43.3	0.65	4.6
3864	三菱製紙	紙パ	610	27.3	64.4	0.37	-0.3
4116	大日精化工業	化学	2,986	55.6	66.7	0.49	4.5
4231	タイガースポリマー	化学	1,122	22.6	157.9	0.64	2.8
4538	扶桑薬品工業	医薬品	2,238	21.2	11.8	0.55	3.7
5013	ユシロ化学工業	石油石炭	2,048	28.5	138.4	0.80	3.8
5161	西川ゴム工業	ゴム	2,025	40.5	72.8	0.53	5.0
5185	フコク	ゴム	1,956	34.4	87.9	0.88	1.9
5269	日本コンクリート工業	ガラ土	394	22.8	58.9	0.61	2.0
5451	淀川製鋼所	鉄鋼	4,580	159.6	67.2	0.74	4.5
5563	新日本電工	鉄鋼	320	43.9	-6.2	0.65	2.0
5943	ノーリツ	金属製品	1,763	85.6	-0.6	0.70	2.6
5985	サンコール	金属製品	501	17.1	-13.0	0.40	2.7
6118	アイダエンジニアリング	機械	901	62.6	8.3	0.69	3.2
6349	小森コーポレーション	機械	1,187	65.8	25.7	0.61	-2.4
6480	日本トムソン	機械	642	47.2	10.5	0.64	4.8
6485	前澤給装工業	機械	1,270	27.3	29.1	0.73	4.7
6675	サクサHD	電機	2,820	17.6	48.1	0.66	3.1
6742	京三製作所	電機	516	32.4	23.2	0.70	4.7
6809	TOA	電機	1,132	38.6	36.2	0.79	4.3
6820	アイコム	電機	3,285	48.8	25.3	0.78	3.3

6844	新電元工業	電機	2,913	30.1	-14.8	0.48	0.4
7231	トピー工業	輸送器	2,714	65.3	41.4	0.52	1.7
7242	カヤバ	輸送器	5,290	133.5	27.5	0.79	-3.7
7254	ユニバンス	輸送器	781	18.3	98.7	0.79	-0.7
7279	ハイレックスコーポレーション	輸送器	1,637	62.6	38.7	0.36	0.4
7294	ヨロズ	輸送器	993	24.9	10.6	0.38	-5.1
7537	丸文	卸売	1,474	41.3	17.5	0.81	3.2
7914	共同印刷	他製品	3,400	28.5	21.0	0.45	1.7
8089	ナイス	卸売	1,786	21.8	32.0	0.44	3.1
8118	キング	繊維	723	17.9	47.0	0.56	2.6
8614	東洋証券	証券	348	30.4	7.7	0.81	-2.2
9031	西日本鉄道	陸運	2,471	196.1	2.4	1.00	3.2
9083	神姫バス	陸運	3,470	21.4	NA	0.47	2.1
9248	人・夢・技術グループ	サービス	1,743	16.4	16.5	0.78	0.0
9319	中央倉庫	運輸倉庫	1,150	21.9	9.5	0.51	3.2
9324	安田倉庫	運輸倉庫	1,347	40.9	31.8	0.51	3.9

注：データは2024年4月12日時点。買収防衛策を導入している時価総額150億円以上の東証プライム企業。2022年度実績PBRが1倍未満。過去5年（2018～2022年度実績）の平均ROEが5％。過去5年の平均ROEは連続性を考慮していない。このリストは推奨銘柄でない

出所：QUICK Astra Managerよりみずほ証券エクイティ調査部作成

(2) 平時導入型の買収防衛策は機関投資家から反対多数

　買収防衛策には100％反対する運用会社が多いため，買収防衛策の保有企業数は2013年末の495社から，2023年末に261社と約半減した。また，2023年7月末までの1年間に，買収防衛策の廃止企業数は21社と新規導入企業数の16社を上回った。

　2023年に新たに買収防衛策を導入した企業には東洋証券，北越コーポレーション，乾汽船等があった。社外取締役が過半数を占める企業では，一部の買収防衛策にだけ賛成するという運用会社がある。取締役11人中6人が社外取締役であるアネスト岩田はアセットマネジメントOne，三菱UFJ信託銀行，明治安田アセットマネジメントの3社から賛成を得られた。取締役5人中3人が社外取締役である乾汽船も，アセットマネジメントOneと三菱UFJ信託銀行の賛

成を得られた。

　8社の買収防衛策の会社提案に賛成した三菱UFJ信託銀行は，事前警告型買収防衛策について，独立社外取締役が過半数を占めていない場合，導入・継続について合理的な説明がない場合に反対するとしている。

　明治安田アセットマネジメントはアネスト岩田に加えて，保土谷化学工業，福山通運，日本空港ビルデングの買収防衛策にも，議決権行使基準に則って賛成した。明治安田アセットマネジメントは①株主総会で買収防衛策の発動を決議，②独立社外取締役が過半数を占める場合に，買収防衛策に賛成するとしている。

　日興アセットマネジメント，三井住友トラスト・アセットマネジメント，りそなアセットマネジメント，ブラックロックは，コスモエネルギーHDの買収防衛策の会社提案のみに賛成したが，日興アセットマネジメントは賛成した理由について，「MoM条項の利用については否定的に見ているものの，対象株主による一連の提案は中長期的な企業価値向上に資すると判断しかねるため，会社の掲げる企業価値向上策を支持し，賛成した」と述べた。

図表4-3　買収防衛策の導入・廃止件数の推移

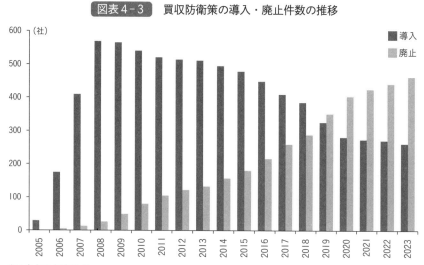

注：各年の年末時点
出所：レコフデータよりみずほ証券エクイティ調査部作成

大手生保はほとんどの買収防衛策の会社提案に賛成するが，日本生命が買収防衛策57件議案中，唯一反対したのは中村屋で，住友生命が買収防衛策58議案中，唯一反対したのはウッドワンだった。逆に，Ｔ＆Ｄアセットマネジメントは買収防衛策8議案中，唯一賛成したのは戸田建設だった。

(3)　買収防衛策の現状と賛否の考え方

　一橋大学大学院法学研究科ビジネスロー専攻の得津晶教授は2024年1月16日に，みずほ証券で行った日米の買収防衛策に関するセミナーで，以下のように述べた。

　　　買収防衛策として，ポイズン・ピル（ポジティブな意味ではライツ・プランと呼ばれる）のみを扱う。ポイズン・ピル以前には敵対的買収への対抗手段としては経営陣と友好関係にある者（ホワイトナイト）に対する第三者割当増資が用いられてきたが，2000年代半ばから差別行使条件付新株予約権の無償割当という形で日本でもポイズン・ピルが用いられるようになった。

　　　このポイズン・ピルの適法性の判断基準として重要なのが，2007年のブルドックソース最高裁決定である。同事件では，ポイズン・ピルが株主平等原則の趣旨に反し法令違反とならないための要件として，①特定の株主の経営支配権の獲得が会社の利益ひいては株主共同の利益を害することがないこと，かつ②公平の理念に反せず相当性に反しないことの2要件を示し，うち要件①については会社の利益の帰属主体である株主自身により判断されるものという判断を示した。これは後の企業価値研究会報告書や下級審裁判例によって，株主判断の尊重と買収者の経済的損失の回避手段の2要件として踏襲されている。

　　　敵対的企業買収とは，企業の取締役会が反対している企業買収提案である。会社法ないし現在の日本の判例法理の背後にある考え方は，敵対的企業買収は企業価値を高めるものであって原則として「よいもの」であるという立場である。ただし，例外的には企業価値を下げる敵対的企業買収もありうる。この「例外」に該当することを証明すれば買収防衛策は適法とされる。

　　　企業価値を下げる企業買収が成立するシナリオには，理論的に，①株主・投資家の非合理性・情報不足，②強圧性，③短期主義批判，④企業文化保護論・

ステークホルダー論があるが，このうち日本の最高裁の立場（株主判断の尊重）に整合的なのは①と②である。

　米国のポイズン・ピルは，「Just Say Noルール」と「Dead hand Pillの禁止」という2つの大原則で特色づけられる。前者は取締役会の決議のみで理由を問うことなく買収防衛策を導入できるというものであるが，後者のルールは委任状勧誘合戦の取締役選任を通じてポイズン・ピルを償却する可能性を確保するものである。

(4)　買収防衛策を巡る裁判所の判断

　2007年のポイズン・ピルを有効と認めたブルドッグソースの最高裁判決以来，買収防衛策の発動に係る重要な判例がない状況が続いていたが，2021年になって買収防衛策の発動に係る裁判例が相次いで登場した。

　日本アジアグループ，富士興産，東京機械製作所は，時間・情報の確保を目的の1つにして，有事導入型買収防衛策を導入したうえで，対抗措置として差別的新株予約権の無償割当を行った。富士興産と東京機械製作所では事後的に株主総会を開催したため，新株予約権の無償割当の発動が適法と認められたが，日本アジアグループは事後的にも株主総会で対抗措置の発動の承認が諮られなかったため，裁判所は新株予約権無償割当の差し止めを認めた。

　これらの3つの判例から，裁判所が有事導入型買収防衛策は，事後的であったとしても，株主総会を開催して株主意思を確認することが必要と考えていることを示唆した。

　スタンダード市場上場の三ッ星では，アダージキャピタルが2021年に7％の株式を取得し，2022年に臨時株主総会の招集を請求した。三ッ星は買収防衛策を導入し，2022年の株主総会で承認されたが，アダージキャピタルは新株予約権の無償割当の差し止めの仮処分を申し立てた。大阪地裁，高裁，最高裁はいずれもアダージキャピタルの主張を認め，新株予約権の無償割当は著しく不公正な方法によるものと結論づけた。不公正発行に該当すると判断された理由は，①大規模買付行為等の撤回の余地が実質的に閉ざされていた，②「非適格者」の認定が経営陣による経営支配権の保持を目的とした恣意的なものである可能

性が排除できない，③独立委員会が共同協調行動者と認定する基準が不明確であることなどだった。

名古屋大学大学院法学研究科の松中学教授は「敵対的買収防衛策に関する懸念と提案」（商事法務2023年5月25日号）で，①買収手法の「強圧性」がどのような防衛策と導入・発動のプロセスを正当化するのか，②敵対的買収と友好的買収で同じ手法が用いられた場合の判断のバランス，③裁判例において，防衛策が脅威に応じて相当な効果を持つという意味での「相当性」が忘れられている可能性などの問題提起を行った。

図表4-4 近年の敵対的M&Aにおける裁判所の判断

コード	会社名	買収者	防衛策の種類	意思決定機関	裁判所の判断	裁判所	帰結
5009	富士興産	アスリード・キャピタル	有事	取締役会	差止棄却	東京地決，東京高決	TOB撤回
5820	三ッ星	アダージキャピタル	有事	取締役会	差止認容	大阪地決，大阪高決	新株予約権無償割当中止
6335	東京機械製作所	アジア開発キャピタル	有事	取締役会	差止棄却	東京地決，東京高決	新株予約権無償割当中止
9113	日邦産業	フリージア・マクロス	平時	株主総会	差止棄却	名古屋地決，名古屋高決	TOB撤回
NA	日本アジアグループ	シティインデックスイレブンス	有事	取締役会	差止認容	東京地決，東京高決	TOB成立

注：このリストは推奨銘柄でない
出所：経済産業省資料，一橋大学大学院法学研究科ビジネスロー専攻得津晶教授の講演資料よりみずほ証券エクイティ調査部作成

(5) 経営統合比率を巡って争われた裁判の対照的な判決

2023年にM&Aを巡ってオアシスが訴えていた裁判で，対照的な判決があった。訴訟には大きな裁判費用と時間がかかるため，資金力と忍耐力がある投資家でないとできない。

2018年のアルプス電気とアルパインの経営統合では，アルパインが経営統合

発表後に，業績予想を2度上方修正した。それにもかかわらず，統合比率が変更されなかったため，オアシスが株式交換無効の訴えを提起したが（訴訟物の価額は200億円），東京地裁に続いて，2023年9月に東京高裁でもオアシスの主張が却下された。

　一方，2023年3月に東京地裁は，伊藤忠商事がファミリーマートに対して行ったTOBによる完全子会社化の価格が，実際の買付価格2,300円より300円高い2,600円が妥当との判決を下した。2016年7月のJCOM事件を巡る最高裁決定後，東京地裁が買取価格の引き上げを求めた初の判例となった。ファミリーマートの買取価格を争っていたのは，オアシスに加えて，米国のRMBキャピタルと個人株主だった。伊藤忠商事によるTOB価格は，ファミリーマートの特別委員会が選定したPwCのDCF法による算定価格を下回っていたほか，特別委員会が求めたMoM条項の設定も行わなかった。最終的に特別委員会はTOBに賛同を表明したが，応募は株主の判断に委ねた。商事法務2023年4月15日号は「ファミリーマート会長・社長による取引を早く進めるようにとの意見表明や，特別委員会の方針をファミリーマートの経営陣が尊重していない点に不公正さがあった」と指摘した。

(6) MBO・TOB価格を巡る重要な裁判事例

　東宝不動産の支配株主であった東宝が，東宝不動産を完全子会社とするため，TOBと全部取得条項付種類株式による二段階買収を行ったが，反対する少数株主が株式取得価格決定の申立てを行った。株主側は，東宝不動産株式の「公正な価格」は時価純資産法で算出した結果を下回ることはないと主張した。これに対して，2016年に東京高裁は，PBRは東宝不動産が継続企業として不動産を保有していくことが前提になっていることからすると，解散・清算を前提とした時価純資産法に依拠するのは相当ではないと判示した。この東宝不動産事件等からすれば，上場会社株式の「公正な価格」の算定において，PBRは考慮されない可能性がある。

　JCOMの大株主である住友商事，KDDIほか1社が，TOBと全部取得条項付種類株式を用いることでJCOMの少数株主をスクイーズアウトしたが，反対する少数株主が株式取得価格決定の申立てを行った。これに対して，2016年に最

高裁は，株式の取得価格を公開買付における買付け等の価格と同額とするのが相当であると判決した。

　牛島信弁護士は2024年1月にみずほ証券で行った「MBO・TOB価格を巡る裁判の実例」セミナーで，「東証によるPBR1倍割れ企業に対する改善要請，近時PBR1倍割れのTOB価格がアクティビスト等の介入を招くなどしてMBO・TOBが不成立となる事案が相次いでいること等を踏まえると，対象会社が，PBRについて十分検討せず，または検討結果を踏まえた交渉をしていない場合には，手続の公正性が否定される可能性がある。その結果として，実際の公正買付価格等を上回る価格をもって『公正な価格』とされる可能性がある」と述べた。

第 **5** 章

MBO，親子上場，持合解消

1　MBOや完全子会社化の発表が増加

　パソナグループの上場子会社のベネフィット・ワンは，エムスリーと第一生命HDが買収を争って，2024年2月に第一生命HDによる買収が決まった。

　パソナグループは，2017年にオアシスから株主提案を受けたことがあった。オアシスは当時，「パソナはベネフィット・ワンの55.1%（当時）を保有。同持分は935億円の価値を有しており，パソナグループの時価総額を62%上回る。足元のパソナの時価はベネフィット・ワンの価値を除いた場合には，マイナスとなっている希有の状況だ」と親子上場の問題点を指摘していた。

　2023年10月にMBOを発表した寺岡製作所に対して，村上ファンド系が同年11月に5.8%で大量保有報告書を提出した。寺岡製作所はPBRが約0.5倍だったため，村上ファンド系はMBO価格が低すぎると思ったのかもしれないが，12月にMBOは成立した。

　伊藤忠商事の完全子会社となる伊藤忠テクノソリューションズは，2023年11月の臨時株主総会でスクイーズアウトが承認されたが，オアシスが同月に6.4%で大量保有報告書を出し，価格上乗せを求め，東京地裁に価格決定を申し立てた。伊藤忠商事はファミリーマートに次いで，2023年に住宅建材の大建工業も完全子会社化するなど，上場子会社の整理を進めている。

　3Dインベストメント・パートナーズから株主提案を受けた富士ソフトは2023年11月に，スタンダード市場の上場子会社のサイバネットシステム，ヴィ

ンクス，サイバーコム，富士ソフトサービスビューロの完全子会社化を発表した。富士ソフトの保有比率は，各々54％，59％，52％，58％だった。富士ソフトは，「完全子会社化により将来ビジョンの実現を加速し，グループ価値の最大化を目指す」と述べた。

2023年に12月にベインキャピタルと組んだMBOを発表したアウトソーシングでは，土井春彦会長兼社長が12.5％の株式を保有する筆頭株主だった。日本では資金調達目的以外にも，人材採用や社会的知名度維持のため上場している会社が多く，MBOは大株主とマネジメントの意思決定次第である。

(1) 大正製薬HDのMBO価格に対してカタリスト投資顧問が不満を表明

2023年11月にスタンダード市場上場の大正製薬HDが発表したMBOは，買付総額が7,000億円超の過去最大規模のMBOになった。

大正製薬HDはMBOの理由として，株式上場を継続する限り，株主を意識した経営が求められ，短期的な利益確保・分配への配慮が必要になることや，株式上場を維持するために必要な費用が増加していることを挙げた。大正製薬HDの2022年度のROEは2.5％にとどまり，東証が求める資本コストや株価を意識した経営を行うことは難しいと認識していたと推測される。大正製薬HDは交渉によって，TOB価格を7,400円→8,620円に引き上げたが，2023年度2Q末BPSの10,132円を下回る。PBR 1倍割れでの非上場化はアクティビストの介入を招くこともあるが，大正製薬HDは，「資産売却に際しての困難性や清算に伴う追加コストの発生等を考慮すると，純資産額を重視することは合理的ではない」と述べた。大正製薬HDを保有していたカタリスト投資顧問は，2023年12月に大正製薬HDのMBOは少数株主を軽視した判断とのステートメントを出した。米国のCuri RMBキャピタルも，買付価格が低過ぎると反対したが，2024年3月18日の臨時株主総会で株式非公開化が可決されて，大正製薬HDは4月9日に上場廃止になった。

2023年11月に同業の電子部品商社のマクニカHDからのTOBに賛同の意見を表明したグローセルでも，TOB価格がPBR 1倍を下回っていたが，グローセルは「PBR 1倍は理論上の清算価値であり，製品在庫等を直ちに売却すること

図表 5 − 1　2023年のMBOの事例

公表日など	コード	会社名	市場	業種	公表日前日の株価(円)	公表翌日の株価変化率(%)	公表日前日の時価総額(10億円)	公表日前日のPBR(倍)
2024/2/20	7816	スノーピーク	プライム	その他製品	988	9.8	37.7	2.41
2024/2/9	6789	ローランド ディー.ジー.	プライム	電機	3,895	18.1	48.0	1.49
2024/2/8	6556	ウェルビー	プライム	サービス	838	17.9	23.1	5.58
2024/1/24	4489	ペイロール	グロース	情報通信	969	29.9	17.5	1.32
2024/1/5	9977	アオキスーパー	スタンダード	小売	2,622	18.9	16.4	0.72
2023/12/9	2427	アウトソーシング	プライム	サービス	1,154	26.0	145.4	1.83
2023/11/27	4581	大正製薬HD	スタンダード	医薬品	5,545	15.3	472.1	0.58
2023/11/15	5212	不二硝子	スタンダード	窯業	1,290	6.5	2.8	0.77
2023/11/14	2453	ジャパンベスト レスキューシステム	プライム	サービス	650	20.0	22.2	2.20
2023/11/11	4837	シダックス	スタンダード	サービス	802	-0.2	44.7	3.59
2023/11/11	9783	ベネッセHD	プライム	サービス	1,908	23.1	195.9	1.19
2023/11/10	8854	日住サービス	スタンダード	不動産・ホテル	1,383	21.7	2.8	0.49
2023/11/8	2309	シミックHD	プライム	サービス	1,700	23.8	32.2	0.94
2023/10/31	4987	寺岡製作所	スタンダード	化学	386	17.2	10.3	0.38
2023/9/28	3677	システム情報	プライム	ソフト・情報	763	3.7	18.1	3.26
2023/8/28	8894	REVOLUTION	スタンダード	不動産・ホテル	15	13.3	6.0	3.58
2023/8/9	(4621)	ロックペイント	スタンダード	化学	-	-	-	-
2023/6/15	(4355)	ロングライフHD	スタンダード	サービス	-	-	-	-
2023/5/16	(7618)	ピーシーデポ コーポレーション	プライム	その他小売	-	-	-	-
2023/2/14	(6172)	メタップス	グロース	ソフト・情報	-	-	-	-
2023/2/9	(5999)	イハラサイエンス	スタンダード	非鉄・金属製品	-	-	-	-
2023/2/7	(6924)	岩崎電気	プライム	電機	-	-	-	-
2023/1/27	(6067)	インパクトHD	グロース	サービス	-	-	-	-

注：データは2024年4月12日時点。カッコ内は上場時のコード。公表翌日の株価変化率は公表日（または前日）終値からの変化率。公表日前日のPBRは2022年度の実績BPSと公表日前日株価より算出。このリストは推奨銘柄でない
出所：レコフデータ，ブルームバーグよりみずほ証券エクイティ調査部作成

は困難だ」と述べた。マクニカHDはダルトン・インベストメンツが6.5％の株式を保有していた一方，グローセルは村上ファンド系が2024年1月に保有比率を12.7％に引き上げた。マクニカHDはTOB価格を645円→750円と引き上げたうえで，2024年2月にTOBを成立させた。

不二硝子も2023年11月のMBO発表前はPBRが1倍割れで，MBO価格はBPSを上回った。不二硝子は上場が1963年という歴史ある企業だが，MBOの理由として，①過去30年間にエクイティ・ファイナンスによる資金調達をしていない，②当社のブランド力や取引先に対する信用力は確保できている，③株式の上場維持のために必要な人的・経済的コストが近年増加していることを挙げた。

(2) PEファンドの増加がMBOを促進

我々は，①2023年3月末の東証の資本コストや株価を意識した経営の要請，②アクティビスト活動の活発化，③PEファンドの増加がMBOを促していると考えている。

どのタイミングでMBOを検討し始めたのか本当のところは分からないが，大正製薬HDは創業家が2023年7月に非公開化を検討していることを取締役に伝えた。

ベネッセHDは2023年5月に変革事業計画を発表した際に，創業家から提案があったと述べた。ベネッセHDは，MBO発表前のPBRが1倍を超えていたが，少子高齢化で子供教育向けの事業を取り巻く環境が厳しかったうえ，創業家の福武一族の保有比率が高かったため，MBOの決定には合理性があった。ベネッセHDのMBOのファイナンス相手となっている北欧のPEのEQTグループは，日本企業のMBOへの投資が初めてだった。ベネッセHDはEQTグループを選んだ理由として，「創業理念やパーパスが当社に近く，グローバルで教育・介護分野への豊富な投資実績とノウハウを有する」ことを挙げた。

2023年2月にMBOを発表した岩崎電気は，大手PEのカーライルをパートナーに選んだ。岩崎電気のMBO価格は直近の株価に対して8割超のプレミアムを付し，岩崎電気は「2020～2022年のMBOの36件のプレミアム率の中央値の39.7％−48.6％に比べて低廉とは言えない」と述べた。岩崎電気は経営の抜本改革の効果発現には時間がかかるため，株主には短期的に株価下落といった

不利益を与える可能性をMBOの理由に挙げた。

　ジャパンベストレスキューシステムやシステム情報では，PBRが２倍超だったが，MBOが発表された。2023年９月にMBOを発表したシステム情報は，2023年４月にSBI証券を介してベインキャピタルを紹介してもらい，ベインキャピタルのグローバルなソフトウェア企業への豊富な投資実績，日本における30社の投資実績を評価したという。

2　東証が親子上場の情報開示強化を要請

　日本における親子上場の多さは古くからの問題だが，東証は2020年１月に「従属上場会社における少数株主保護の在り方等に関する研究会」（「資本コストを意識した経営」を議論しているフォローアップ会議とは別組織）を設置し，４回の会合を開催し，2020年９月に中間整理を発表した。

　日本郵政グループのように国策として親子上場している企業もあるため，東証も親子上場に関する強い指針を出しづらいという事情があり，過去の東証の親子上場への対応策は一貫性を欠いてきた。コロナ禍の広がりもあり，同研究会は中断されていたが，2023年１月から再開し，11月まで５回の会合を開催した。

　その結果，東証は「少数株主保護やグループ経営に関する情報が投資判断上重要になるにもかかわらず，現状十分な開示がなされているとはいえない」との認識を示し，①上場子会社を有する上場会社における開示，②親会社を有する上場会社における開示，③上場関連会社を有する上場会社における開示の要請を行った。

　「資本コストや株価を意識した経営」同様に，義務ではなく要請であり，東証は「新たに特定事項についての開示を義務づけるものではない」と明言した。東証は記載上のポイントとして，①では上場子会社の保有についての方針・考え方，子会社を上場しておくことの合理性，②では親会社の事業ポートフォリオ戦略における子会社の位置づけ，子会社の意思決定プロセスへの親会社の関与の有無や内容などを挙げた。

　東証は2023年３月の会合で，開示の好事例としてソニーグループ，富士通，

NEC，帝人，東レ，JFE HD，SBI HDなどを挙げた。親子上場に関する情報開示強化も，「資本コストや株価を意識した経営」同様に東証の要請なので，応える企業と応えない企業が出てこよう。2023年11月会合では，市場関係者から何らかのガイドラインを作るべきという意見があった一方，事業会社からは持分法適用会社まで開示強化するのは行き過ぎとの反論があった。歴史的に上場子会社はアクティビストの投資対象になってきたが，同じ企業が時を経て複数回，アクティビストの投資対象になるケースもある。東証要請を受けて，アクティビストやエンゲージメント・ファンドによる親子上場への関心は一層高まろう。

図表 5 - 2　上場子会社・関係会社数の推移

	親会社数	子会社数	関連会社数	子会社・関連会社合計
3/1997	117	58	209	267
3/1998	115	65	210	275
3/1999	121	74	213	287
3/2000	131	82	216	298
3/2001	135	89	218	307
3/2002	136	89	212	301
3/2003	127	83	206	289
3/2004	128	82	206	288
3/2005	141	97	217	314
3/2006	145	93	217	310
3/2007	149	99	218	317
3/2008	150	108	209	317
3/2009	149	111	211	322
3/2010	140	98	199	297
3/2011	140	95	202	297
3/2012	132	97	193	290
3/2013	129	100	191	291
3/2014	132	93	192	285
3/2015	137	100	188	288
3/2016	140	101	186	287
3/2017	148	100	193	293
3/2018	141	97	183	280
3/2019	142	99	178	277
3/2020	148	98	183	281

3/2021	145	92	175	267
3/2022	141	87	174	261
3/2023	114	57	138	195
3/2024（暫定）	107	48	129	177

注：各年度末時点のプライム上場企業対象（2022年3月までは東証1部上場企業対象）。発行済株式数の50％超保有される会社を子会社，20％超50％以下保有される会社を関連会社と定義。間接保有は考慮せず。2023年12月20日時点
出所：東洋経済よりみずほ証券エクイティリサーチ作成

3　上場子会社を巡るアクティビストの動向

GMOの冠が付く上場会社は10社もある

　2018年3月のGMOインターネットグループの株主総会で，オアシスは買収防衛策の廃止や指名委員会等設置会社への移行など6項目の株主提案を行ったが，いずれも否決された。賛成率が高かった提案は買収防衛策の廃止の44.8％だった。熊谷正寿会長兼社長の賛成率は74.2％にとどまったが，同会長兼社長は資産管理会社を含めて40％の株式を保有するため，薄氷での承認だった。

　GMOインターネットグループは積極的に上場子会社を増やしており，2024年1月4日時点で，グループ会社で時価総額最大のGMOペイメントゲートウェイの保有時価は2,955億円と，GMOインターネットグループの時価総額の2,767億円を上回る。熊谷会長兼社長とその保有会社で株式の40％を保有するため，株主提案を通すのは容易でないが，東証の親子上場に関する情報開示の拡充の要請を受けて，どのように対応するのか注目される。

　GMOインターネットグループでは取締役9名のうち女性の比率がゼロであるため，2023年3月の定時株主総会で熊谷会長兼社長CEOの賛成率は64.4％にとどまった。2021年9月21日のDIAMOND onlineで熊谷会長兼社長CEOは，「三菱・三井を株価検索欄に入れて検索すると15，20と出てくる。日本の産業の歴史は，財閥グループの親子上場の歴史とイコール。ただし，今は資本関係が薄く，ブランドによる一体化がなされている。今は私が創業者なので資本関係があるが10年，30年，50年単位で見ていくと，私は死んでいくだろうし，死ぬとだんだん資本関係が薄くなり，今の三井，三菱と同じようになっていく。それを意識して運営している。親子上場といわれるが，50年後には正しかった

といわれるはずだ。それぞれが社会の役に立ち，いい商売をしていれば，グループ会社の上場に関しては肯定している。歴史が証明している」と，親子上場が正当化される理由を語った。

ストラテジックキャピタルの親子上場に着目した取引は一部が成功

上場子会社は親会社が支配権を保有しているため，親子上場解消等は親会社に働きかける必要がある。

ストラテジックキャピタルは2020年6月の株主総会で蝶理に対して，社外取締役選任，取締役会の実効性評価，剰余金，資本コストの開示等に係る定款変更の株主提案を行い，蝶理の株式の51％を保有する東レに対しても，子会社の管理に関する定款変更の株主提案を行ったが，ともに否決された。ストラテジックキャピタルは蝶理・東レへの株主提案は成立が難しいと思ったのか，2021年以降株主提案を行っていない。

ストラテジックキャピタルは凸版印刷（現在TOPPAN HD）が51％保有していた図書印刷に対して，2016〜2019年に4年連続で株主提案した後，2019年に凸版印刷が図書印刷を完全子会社化した。凸版印刷は2023年10月に，社名をTOPPAN HDに変更して持株会社に移行した。

2023年12月26日には，ストラテジックキャピタルが5％で大量保有報告書を提出した大阪製鐵（日本製鉄が61％の株式を保有）の株価が，翌日に＋13.5％と大幅に上昇した。大阪製鐵は，エフィッシモキャピタルが6.4％保有し，ノルウェーで親子上場に着目した日本株ファンドを運用するセクターアセットマネジメントのトロンド・ハーマンセン氏も，2023年12月13日の日経インタビューで保有していると述べた銘柄だった。大阪製鐵の2022年度までの5年平均のROEは2％だった。2023年12月18日に日本製鉄がUSスティールを約2兆円で買収すると発表したことで，日本製鉄に資金ニーズが生じるため，ストラテジックキャピタルは大阪製鐵に対して何らかのアクションが出ると期待したのかもしれない。ストラテジックキャピタルは2024年4月30日に，大阪製鐵への株主提案を発表した。

リム・アドバイザーズのJTと鳥居薬品への株主提案は否決

　リム・アドバイザーズは親子上場を問題視し，2023年３月の株主総会でJTとその上場子会社の鳥居薬品に株主提案を行ったが，ともに否決された。

　JTに対する提案は，①子会社管理に関する定款変更，②上場子会社への天下り禁止，③上場子会社との間のCMS（Cash Management System）による資金貸借の禁止，④自己株式の取得だった。賛成率は①が19％だったが，他の３つの提案はいずれも７％にとどまった。②については，JTは株主総会招集通知で，「鳥居薬品の取締役選任は，JTから独立した立場で適正かつ透明なプロセスを経て行われている。取締役選任の株主総会の賛成率は94〜97％と高く，JT以外の株主の大多数の賛同も得ている」と反論していた。JTはHPに株主総会の動画を公開し，リム・アドバイザーズの松浦肇氏（元日経記者）が約５分間にわたって株主提案の理由を説明した後に，会社側が反対論を述べた。リム・アドバイザーズの鳥居薬品への株主提案は剰余金処分，自己株式取得，役員報酬開示，CMSを通じた資金運用の検討結果の開示であり，賛成率は各々15.9％，15.7％，20.4％，12.8％で否決された。

　リム・アドバイザーズは2024年３月の株主総会でも，鳥居薬品に対して３年連続となる同様の株主提案を行ったが否決された。リム・アドバイザーズは鳥居薬品に大量保有報告書を提出していなかったが，エフィッシモキャピタルが5.8％保有していた。エフィッシモキャピタルは2008年から鳥居薬品に大量保有報告書を出しているが，公式に株主提案をしたことがないので，どのようなエンゲージメントが行われているのか外部からは分からない。

ダイワボウHDは祖業の大和紡績を売却

　2023年11月にダイワボウHDは，傘下の大和紡績の株式の85％をプライベート・エクイティのアスパラントグループの関連ファンドが所有するSPCに95億円で売却すると発表した。ダイワボウHDは大和紡績の既存取引先や従業員などのステークホルダーとの関係性を維持しつつ，スムーズな移行を目的とした協力関係維持期間として当面15％の所有を継続するとした。大和紡績の株式譲渡に伴って約170億円の特損が出るため，2023年度純利益予想を204億円→71億円と下方修正した。

1941年に設立された大和紡績はダイワボウHDの祖業だった。1982年にダイワボウ情報システムを設立して情報産業に進出し，それが現在の本業になった。2008年にエフィッシモキャピタルがダイワボウ情報システムの株式の43％を保有し，エンゲージメントを行った結果，ダイワボウHDは2009年にダイワボウ情報システムを完全子会社化し，現在の社名に変更した。同年にダイワボウHDは，東証の業種分類が繊維から商社が属する卸売に変更された。

　ダイワボウHDの大和紡績の売却は評価されるものの，遅い決断だったといえよう。ダイワボウHDに限らず，祖業の繊維業から他産業に事業を展開した企業は多い。東証の業種分類で日清紡HDは繊維製品から電機，日東紡も繊維製品からガラ土に変更された。オアシスから株主提案を受けたことがある片倉工業は，業種分類が繊維製品のままだが，売上に占める比率は医薬品と不動産事業が各々約３割を占め，繊維事業は２割未満に低下した。

親子上場に投資する欧州ファンド

　親子上場企業は長年アクティビストの投資対象になってきた。

　ノルウェーのSector Asset Managementで，Sector Zen Fundを運用するトロンド・ハーマンセン氏は，2023年12月13日の日経のインタビュー記事で次のように述べた。

　　ロングする約40銘柄の４分の３は親子上場の子会社だ。親子上場は2006年のファンド設立時から一貫した投資テーマだ。

　　今後２年で親子上場の解消が期待できる銘柄を探している。まず割安で強固な財務基盤を持つことが条件だ。そして親会社の事業ポートフォリオ上の位置づけや，取締役の構成や過去の歴史的な経営から親子関係がどれほど緊密かを分析する。今は例えば，日本製鉄傘下の大阪製鉄やキヤノン傘下のキヤノン電子株を保有している。

　　日本企業が青写真とすべきなのは日立製作所だ。優先順位の低い 事業の子会社売却で資金を手に入れ，優先順位の高い事業で買収して選択と集中を進めてきた。これが成功の戦略だ。

Sector Zen FundのHPによると，同ファンドは調査が不十分な先進国の株式市場で非効率性を見つけることで，ボラティリティを10〜15％に維持しながら，魅力的な投資リターンを得ることを目的にしている。実際に，リサーチ・ドリブンで，独立的で逆張り的なアプローチを取っている。例えば，日本のコーポレートガバナンス改革に着目し，日本株でベンジャミン・グラハム的なバリュー投資を行う。

また，日本株式市場はアナリスト・カバレッジが低く，コーポレートアクションが増え，流動性が高いことが魅力的だと考え，企業のリストラやバイアウトなどがカタリストになるとみている。市場リスクは空売りや株価指数のプットを買うことで管理 している。なお，Sector Zen Fundの運用資産は２億ドル程度と小さいため，Sector Asset Managementが大量保有報告書を提出したことはない。

運用会社からの賛成率が低い上場子会社に注目

上場子会社の完全子会社化に関しては，通常親会社が50％以上の株式を保有しているので，経営改革に関して少数株主の声が反映され難いという特徴がある。株主総会での運用会社からの提案に対して賛成率が低い上場子会社は，エンゲージメントを通じて上場子会社またはその親会社に市場の厳しい声が届いている可能性があるため，良識ある親会社であれば上場子会社の経営改革や資本関係の見直しを考えるかもしれない。

2023年６月の株主総会で運用会社からの社長に対する賛成率が低かった主な上場子会社をスクリーニングすると，ジーフット，ミニストップ，キャンドゥ，イオンファンタジー，ユナイテッド・スーパーマーケットHD，フジなどイオンの上場子会社が多かった。これらの上場子会社は議決権行使を行った運用会社からの賛成率が20％以下だったが，株主全体の賛成率は９割近かった。

上場子会社については，独立社外取締役が過半数いないと反対するという運用会社が多い中，これらの上場子会社は社外取締役比率が５割未満だった。2020年にストラテジックキャピタルから株主提案を受けた蝶理，2022年にAVIから株主提案を受けた日鉄ソリューションズの2023年６月の株主総会での運用会社からの賛成率も３割未満と低かった。

2023年5～6月の株主総会で運用会社からの賛成率が低かった主な上場子会社

コード	会社名	2022年度末時点				2023年5－6月株主総会 社長選任議案			親会社	
		実績PBR（倍）	実績ROE（%）	親会社の保有比率（%）	社外取締役比率（%）	全体の賛成率（%）	機関投資家の賛成率（%）	議決権行使を行った機関投資家数（社）	コード2	会社名3
2686	ジーフット	NA	NA	61.9	40.0	94.0	0.0	12	8267	イオン
3178	チムニー	6.1	NA	50.8	15.4	96.1	0.0	13	9994	やまや
7215	ファルテック	0.3	NA	55.5	22.2	94.1	0.0	11	6463	TPR
9946	ミニストップ	1.1	37.2	48.7	33.3	87.8	5.6	18	8267	イオン
2715	エレマテック	1.2	12.3	58.6	33.3	75.6	5.9	17	8015	豊田通商
7222	日産車体	0.8	2.2	50.0	33.3	59.9	5.9	17	7201	日産自動車
2698	キャンドゥ	3.8	NA	37.3	25.0	92.7	6.3	16	8267	イオン
5449	大阪製鐵	0.6	1.9	65.9	37.5	88.7	6.7	15	5401	日本製鉄
6185	SMN	1.2	NA	54.2	57.1	83.3	7.7	13	6758	ソニーグループ
7630	壱番屋	1.2	8.3	51.0	36.4	78.2	11.1	18	2810	ハウス食品グループ本社
4343	イオンファンタジー	5.7	NA	65.8	33.3	93.3	13.3	15	8267	イオン
5191	住友理工	0.8	4.1	49.6	37.5	87.9	14.3	21	5802	住友電気工業
6588	東芝テック	1.8	NA	52.1	36.4	74.1	14.3	21	6502	東芝
3222	ユナイテッド・スーパーマーケットHD	0.8	0.9	52.3	33.3	88.5	15.0	20	8267	イオン
7198	アルヒ	1.0	8.7	54.3	28.6	86.1	15.8	19	8473	SBI HD
2692	伊藤忠食品	0.9	5.0	52.2	33.3	89.0	16.7	18	8001	伊藤忠商事
2737	トーメンデバイス	1.0	12.0	26.6	44.4	92.7	16.7	12	8015	豊田通商
6345	アイチコーポレーション	1.0	7.7	53.9	37.5	86.5	16.7	18	6201	豊田自動織機
8572	アコム	1.1	9.9	37.6	22.2	91.1	17.4	23	8306	三菱UFJ FG
3969	エイトレッド	2.6	17.7	51.3	33.3	82.5	18.2	11	3371	ソフトクリエイトHD
4215	タキロンシーアイ	0.7	2.7	55.7	42.9	88.5	18.8	16	8001	伊藤忠商事
8278	フジ	0.8	5.9	50.8	33.3	92.8	20.0	20	8267	イオン
1949	住友電設	1.4	10.2	50.4	44.4	76.6	21.1	19	5802	住友電気工業
7191	イントラスト	3.8	20.8	56.8	37.5	90.7	21.4	14	4290	プレステージ・インターナショナル

1934	ユアテック	0.8	5.0	41.8	38.5	78.0	22.2	18	9506	東北電力
9436	沖縄セルラー電話	1.8	11.1	53.9	33.3	89.1	23.1	13	9433	KDDI
1946	トーエネック	0.9	NA	51.7	46.2	88.2	23.5	17	9502	中部電力
5727	東邦チタニウム	2.0	15.0	50.4	44.4	84.4	23.5	17	5020	ENEOSHD
5481	山陽特殊製鋼	0.5	10.1	53.0	36.4	78.9	23.8	21	5401	日本製鉄
4506	住友ファーマ	0.4	NA	51.8	44.4	80.5	25.9	27	4005	住友化学
9991	ジェコス	0.7	5.8	47.6	33.3	83.6	26.3	19	5411	JFE HD
1884	日本道路	0.2	6.0	50.1	37.5	87.9	27.8	18	1803	清水建設
2327	日鉄ソリューションズ	2.4	11.0	63.4	38.5	77.9	28.0	25	5401	日本製鉄
8570	イオンフィナンシャルサービス	0.7	7.1	48.2	33.3	81.8	28.0	25	8267	イオン
3484	テンポイノベーション	5.0	NA	59.0	33.3	90.3	28.6	14	9428	クロップス
8014	蝶理	1.2	11.8	52.7	37.5	87.5	29.4	17	3402	東レ
2651	ローソン	4.1	12.3	50.1	40.0	81.2	29.6	27	8058	三菱商事
8905	イオンモール	0.9	3.0	58.2	45.5	86.4	29.6	27	8267	イオン

注：データは2024年4月12日時点。2-3月決算，2023年5-6月の株主総会で社長に対する選任議
　　案があった上場子会社のうち，機関投資家48社のうち10社以上が議決権行使を行った企業。機関
　　投資家の賛成率は社数ベース。機関投資家の賛成率が30%未満を表示。このリストは推奨銘柄で
　　ない

出所：各社資料，一橋大学大学院経営管理研究科 円谷昭一教授データベース，QUICK Astra Manager
　　よりみずほ証券エクイティ調査部作成

4　アクティビストは不動産含み益の大きい企業に着目

　PBRが1倍を割れていると，株価が解散価値を下回っていると言われること
があるが，企業は将来にわたって無期限に事業を継続するという"Going-
concern"（継続企業）が前提になっている。保有資産が時価を大きく下回っ
ていると減損しなければならない会計のルールはあるが，企業の純資産が本当
に現在の公表値なのかは，実際に資産を売ってみないと分からない。日本企業
の場合，従業員を簡単に解雇できないので，実際に企業が解散することになっ
た場合には，従業員への割増退職金等が大きく膨らむ可能性もある。
　株価を時価ベースの1株当たり純資産で割った値は，ノーベル経済学賞を受
賞したジェームス・トービン氏に因んで「トービンのq」と呼ばれるが（日本

では「Qレシオ」と呼ばれることもある），公表データだけで正確に計算するのは難しい。1980年代後半の資産バブル時代には，ウォーターフロントに土地含み益を持つ企業が盛んに物色された。

足元も，東京の不動産が大きく値上がりしていることから，2023年9月3日の『日経ヴェリタス』は，賃貸用等の不動産含み益を調整した実質PBRを掲載した。普通のPBRと実質PBRの乖離率が大きい企業のランキングは三菱地所，住友不動産，片倉工業，三井倉庫HD，京阪神ビルディングの順だった。不動産の含み益が大きいと，アクティビストに目を付けられやすくなる。実際にも片倉工業はオアシス，京阪神ビルディングはストラテジックキャピタルから株主提案を受けたことがあった。

5　持合解消の進展がアクティビスト活動を活発化

商事法務2023年12月5日号は毎年恒例の「株主総会白書」に，「自社の安定株主比率」を掲載した。企業が考える安定株主比率を尋ねたもので，2023年は1,979社が回答した。

「自社の安定株主比率」を40～60％台と考える企業の比率は55.6％と，前年の57.2％から－1.6ppt低下し，ピークだった2009年の70.0％からは－14.4ppt低下したが，依然として過半数の企業が40～60％台の安定株主がいると回答したことは，純粋な機関投資家の意見が経営陣に届きにくいことを示す。商事法務も，「50％以上の安定株主比率がある会社は4割強，40％以上は6割あり，十分な安定株主が確保できている会社が多いと理解できる」と記した。

企業規模では大企業ほど安定株主比率が低いのは例年の傾向である。資本金1,000億円超の企業に限ると，安定株主比率40～60％台の企業の割合は19.4％→18.6％と低下した一方，10％未満という企業の割合が9.3％→14.8％と大きく高まった。

2023年にトヨタ自動車が持合解消の方針を打ち出したため，2024年の数字が注目される。「商事法務」は総会議案に対して「否」等の指示をした機関投資家等の有無に関するアンケート調査も行っているが，反対した機関投資家がいた企業の割合は64.6％→67.4％と高まり，資本金1,000億円超の企業ではその比

率が78.7%→87.0%と高まった。

図表5-4　企業が考える安定株主比率

	10%台	20%台	30%台	40%台	50%台	60%台	40%～60%台合計	その他	無回答	回答社数
2007	2.4	6.9	13.5	17.8	24.3	26.4	68.5	6.3	2.8	1,952
2008	2.3	6.6	13.1	16.9	26.1	25.0	68.0	6.6	3.3	1,962
2009	2.8	6.0	12.4	16.5	27.3	26.2	70.0	6.3	2.5	1,897
2010	2.5	5.6	13.1	17.6	25.9	26.4	69.9	5.8	3.1	1,868
2011	2.9	6.2	13.9	18.2	24.2	24.9	67.3	6.6	3.1	1,849
2012	2.5	6.2	13.5	18.3	25.0	25.4	68.7	6.2	2.9	1,845
2013	3.6	6.9	11.9	19.6	23.8	23.9	67.3	7.0	2.8	1,792
2014	4.4	6.8	13.0	18.5	24.0	23.5	66.0	7.1	2.7	1,756
2015	5.0	7.2	14.6	17.5	24.3	21.0	62.8	6.9	3.5	1,704
2016	4.6	7.6	16.0	17.7	22.4	20.9	61.0	7.1	3.9	1,755
2017	5.8	7.5	15.1	17.7	23.0	20.4	61.1	7.2	3.2	1,730
2018	5.8	8.7	15.3	17.8	21.9	20.6	60.3	7.2	2.7	1,727
2019	6.6	9.1	14.9	18.9	22.3	18.7	59.9	6.5	3.0	1,694
2020	6.9	9.8	14.5	19.3	23.1	17.9	60.3	6.0	2.6	1,595
2021	7.3	10.9	14.8	19.2	22.0	16.6	57.8	6.5	2.8	1,749
2022	7.7	10.9	15.3	18.4	21.8	17.0	57.2	7.1	1.8	1,917
2023	7.6	10.7	15.7	16.9	22.5	16.2	55.6	7.7	2.7	1,979

出所：商事法務よりみずほ証券エクイティ調査部作成

株式持合の解消を促す要因

　①コーポレートガバナンス・コードの導入，②機関投資家の議決権行使基準の厳格化，③東証の資本コストや株価を意識した経営の要請が，株式持合の解消を促している。

　①については，2015年に制定されたコーポレートガバナンス・コードは原則1-4で，「上場会社が政策保有株式として上場株式を保有する場合には，政策保有株式の縮減に関する方針・考え方など，政策保有に関する方針を開示すべきである。また，毎年取締役会で，個別の政策保有株式について，保有目的

が適切か，保有に伴う便益やリスクが資本コストに見合っているか等を具体的に精査し，保有の適否を検討するとともに，そうした検証の内容について開示すべきである」と規定した。

②では近年，議決権行使基準に政策保有株式の数値基準を導入する運用会社が増えて，政策保有株式の純資産比を意識する企業が増加した。株主総会の議決権行使の結果開示で，過大な政策保有株式を理由に反対した企業を開示する運用会社が増えている。政策保有株式の売却を求めるアクティビストからの提案も増えている。

③では，東証が資本コストや株価を意識した経営を要請したのは2023年3月末だったため，2023年度以降の持合解消を促すと期待された。政策保有株式の状況は年に一度有報にしか発表されないので，2024年6月発表の有報が注目される。

政策保有株式を売らずに，純投資に移す企業が散見される中，2024年4月18日に開催された金融庁の「スチュワードシップ・コード及びコーポレートガバナンス・コードのフォローアップ会議」は，「保有目的について，純投資目的への変更についてはその理由の開示が求められていないことから，実態が不透明との指摘がある」との課題認識を示した。

持合解消は資本効率性改善を通じて，株価に中長期的にプラス

2023年11月にデンソーは，①トヨタ自動車，豊田自動織機，アイシンによる株式の売り出し，②発行済株式総数（自己株式を除く）の上限4.2％（2,000億円）の自社株買い，③政策保有株式の縮減方針を発表した。アイシンは2023年9月に発表した「2030年を見据えた2025中期計画」で，政策保有株式を1,000億円以上売却し，ゼロ化を目指すとした。デンソーは2023年11月29日に「当社低収益資産の圧縮に積極的に取り組んでおり，保有の合理性が認められる場合を除き，政策保有株式を保有しないことを基本的な方針にしている。2024年3月期においても，政策保有株式の売却を進めており，3銘柄の全数売却を行った」と述べた。

2023年11月にデンソーの株価が下落した理由として，円高傾向と持合解消の需給悪化が挙げられた。我々は，持合解消に伴う株式需給の悪化で株価が短期

的に下落しても，資本効率性の改善を通じて，中長期的には株価にプラス効果をもたらすと考えている。

運用会社の政策保有株式に関する議決権行使基準

議決権行使基準に政策保有株式に関する数値基準を最も早く導入したのは，2010年のSOMPOアセットマネジメントだったが，2022年以降，同数値基準を導入する運用会社が相次いだため，政策保有株式が多い事業会社でも決算説明会資料等で政策保有株式の純資産比に言及しながら，削減方針を示す企業が増えた。

政策保有株式の純資産比の判断基準は20％が多いが，明治安田アセットマネジメントやニューバーガーバーマン等は10％を判断基準にしている。大和アセットマネジメントの同基準は20％だが，今後引き下げを検討するとしている。政策保有株式を純資産比だけで判断すると，企業の自己資本比率に影響されるため，アセットマネジメントOneにように，総資産比の基準を入れている運用会社もある。

数値基準を紋切り型に適用するのではなく，縮減傾向であったり，エンゲージメントの結果，縮減の方針が確認されれば反対しない運用会社も多い。ブラックロックやりそなアセットマネジメントのように，ROE水準と政策保有株式の判断基準を関連づけている運用会社もある。

同じ企業に対して，運用会社の判断が異なるケースも少なくない。滋賀銀行の取締役選任議案について，アセットマネジメントOneは政策保有株式基準に基づいて反対した一方，りそなアセットマネジメントは，政策保有株式に関する基準を充たしていないが，縮減の方針と実績を確認して賛成した。政策保有株式が多い地銀に対して，厳しい基準を適用する運用会社が増えているが，野村アセットマネジメントは金融機関と金融機関以外で政策保有株式の判断基準が異なる。

なお，ほとんどの運用会社は判断に有報に掲載される政策保有株式のデータを使っているため，6月株主総会時点では，前々年の有報しか利用できない。しかし，2024年4月に岸田首相が株主総会前の有報提出の検討を金融庁に指示したため，今後前年の有報の政策保有株式のデータを使えるようになろう。た

だ，機関投資家からは，株主総会の直前に長い有報を出されても読む時間がないとの声も出ている。

株主提案を受けた企業の政策保有株式の状況

　アクティビストから株主提案を受けた企業は，自己防衛のために株式持合を強化する場合もあるし，持合株式の削減で資本効率性を上げて，他の機関投資家の信認を得ようとする企業もある。

　Yamauchi No.10 Family Office（YFO）の株主提案が成立した東洋建設は，上場政策保有株式を３銘柄しか保有していなかったため，株式持合比率の低さが，YFOによる28.5％もの保有比率の高さにつながったともいえる。

　AVIの株主提案が一部成立したNC HDも上場政策保有株式を３銘柄しか保有していなかったことが，AVIとMIRI Capitalによる43.7％もの株式保有につながった可能性がある。

　オアシスから大王製紙の保有株式を売却しなかったことを責められた北越コーポレーションは，2022年度の上場政策保有株式の減少額が４億円にとどまった。

　文化シヤッターはストラテジックキャピタルから，大和ハウス株式の現物配当の株主提案を受けて，11.5％の賛成率で否決した。文化シヤッターは2022年度に上場政策保有株式の貸借対照表計上額の約３割を占める大和ハウスの保有株を維持した一方，ミロク情報サービスを売却したが，減少額は約５億円にとどまった。

　タチエスはストラテジックキャピタルから，トヨタ紡織の現物配当と政策保有株式に関する定款変更の株主提案を受けて，20％台の賛成率で否決した。タチエスは上場政策保有株式の貸借対照表計上額の４割強を占めるトヨタ紡織の保有株を維持した一方，同11億円のトヨタ自動車株を売り切った。

　ワキタはストラテジックキャピタルから３年連続で政策保有株式に関する定款変更の株主提案を受けて，14％程度の賛成率で否決した。ワキタは2022年度に横河ブリッジHDとササクラを売り切り，上場政策保有株式を７億円減らした。

　ダルトン・インベストメンツから株主提案を受けたセコムは，2022年度末の

上場政策保有株式の銘柄数が113と多いうえ，2年連続で全く減らさなかった。

　ダルトン・インベストメンツから株主提案を受けた戸田建設は，政策保有株式や保有不動産等の売却でキャッシュの創出を図ると反論していたが，実際にも戸田建設は信越化学や日本郵船などを売り切り，上場政策保有株式のネット削減額を2021年度−45億円→2022年度−116億円と約3倍に増やした。

政策保有株式の縮減に否定的な意見

　関西経済連合会（会長は住友電気工業の松本正義会長）は2023年9月に発表した「意見書『コーポレートガバナンスに関する提言』」で，原則1−4は，「政策保有株式を一律に縮減することが望ましいとの前提に立っているように読み取れる内容になっている。政策保有株式を，銘柄ごとに意義が異なるにも関わらず一律に縮減させる方向性を明記することは，それぞれの企業における事業戦略の幅を狭め，結果として持続的な企業価値向上の妨げになる懸念がある。『縮減ありき』と解釈されるような表現を修正すべきである」として，「上場会社が政策保有株式として上場株式を保有する場合には，政策保有に関する方針・考え方を開示すべきである」と表現を改めるべきだと提言した。なお，住友電気工業のPBRは約0.7倍で，2022年度末時点で上場政策保有株式を76銘柄，648億円保有し，2022年度の削減額は3銘柄で3.6億円にとどまった。

　関西経済連合会の提言はコーポレートガバナンス改革全体について，「株主以外のステークホルダーへの目配りが後退しているのではないか，短視眼的な経営が広がっているのではないかを改めて検証し，マルチステークホルダーをバランスよく重視するためには，どのような手立てを講じるべきか，その際，経営の在り方の見直しに向けて打ち出されるべき大胆かつ明確なメッセージはどのようなものかを考える必要がある」と苦言を呈した。

政策保有株の縮小と資本効率の改善は実現したのか？

　慶応義塾大学大学院経営管理研究科の齋藤卓爾教授は，2023年12月にみずほ証券で行った政策保有株式に関するセミナーで以下のように述べた。

　　2010年時点で政策保有株式を10銘柄以上保有していた金融除く東証1部企業

の平均政策保有銘柄数は，2010年の65から2019年の43と減った。業績が悪化した企業や借入が増えた企業が，政策保有株式を売却した。売却された銘柄は低業績，高ボラティリティ，高流動性等の特徴があった。

2000年前後の銀行による株式売却は好業績銘柄から進んだ。持合関係にある銘柄は一方的保有よりも売却される確率が低かったが，コーポレートガバナンス・コード制定後は持合関係にある銘柄の売却が進展した。政策保有株式の売却に際して，事業のつながりが意識されており，事業上のつながりが弱い銘柄が売却される確率が高い。

持分比率の小さい銘柄（下位5分の1）が集中的に売却されており，持合解消のKPIとして銘柄数が意識されている可能性が示唆された。保有比率の低い銘柄が売却の中心だったため，2010〜2019年に平均政策保有銘柄数は35%減ったのに，政策保有の持株比率（事業法人等持株比率-15%以上の事業法人（親会社）持株比率-創業家資産管理会社等持株比率）の低下幅は13%減にとどまった。2011〜2019年の累積売却額は増資額の約8割，自社株買いの約2割だった。

先行研究は社外取締役の増加が業績改善につながっていないことを示しているが，社外取締役が持合解消を促進したことが確認された。特に持合関係が見られる銘柄の売却を促進した。

保有側だけではなく，被保有側の社外取締役も重要である。政策保有株の売却には相手先企業の合意が不可欠だ。一方，機関投資家持株比率が持合解消を促す効果は有意でなかった。

アクティビストのいる企業は政策保有株，特に持合株式を売却しない傾向があるので，アクティビストの存在は政策保有株式の売却を躊躇させると言える。政策保有株売却により生じた資金は，自社株買いに利用される傾向が強い。政策保有株の売却で業績が改善する傾向は見られなかったが，総資産回転率は改善した。

第 6 章

欧州のアクティビスト

1　アグレッシブな投資手法の英国のNAVF

　NIPPON ACTIVE VALUE FUND（NAVF）は，ダルトン・インベストメンツの創業者のジェームズ・ローゼンワルド氏が2020年2月にローンチしたロンドン証券取引所上場のファンドで，アグレッシブな投資手法で知られる。

　NAVFのHPには，日本の小型株にフォーカスし，アクティブ・マネジメントの観点から，株主にとって魅力的なレベルのキャピタルグロースを目標にすると書かれている。日本におけるコーポレートガバナンス改革と重要な規制変更が，株主アクティビズムを増やす環境を産み，低バリュエーションの企業に投資することで，現在及び将来において投資家は大きなリターンを得られる可能性が高まっているとも書かれている。投資方針は，時価総額10億ドルまでの企業20社ほどに集中投資することである。他の投資家が30％以上保有する企業には投資しないと書かれているので，支配株主がいる中小型株は避けるようだ。

　アクティビスト専門誌のinsightiaの"The Shareholder Activism Annual Review 2023"で，世界のアクティビスト5位に選ばれた。2022年のキャンペーン数が13件と，アジアの株式市場で最もキャンペーン数が多いアクティビストだったことが評価された。

　NAVFは上場しているので，ブルームバーグ等で情報は得やすい。上場以来，2023年末までに基準価格は＋62％も値上がりした。2024年3月末の時価総額は3.4億ポンド（約650億円）だった。欧米の大手ファンドに比べれば，ファンド

規模は小さいが，日本の中小型株に投資する公募投信に比べれば，規模は比較的大きい。

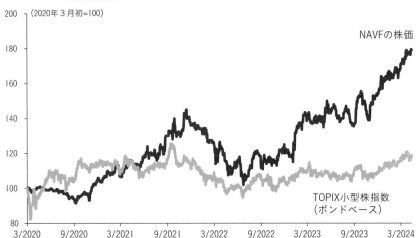

図表6−1 NAVFの株価と東証小型株指数（ポンドベース）

注：2024年4月12日時点
出所：ブルームバーグよりみずほ証券エクイティ調査部作成

NAVFは2023年6月の株主総会で最多となる9社への株主提案を行った

NAVFは，2023年6月の株主総会で自己資本比率が高く低PBR等の中小型企業9社に対して似たような株主提案を行ったが，いずれも賛成率は低かった。NAVFはいずれの企業に対しても，大量保有報告書は提出していなかった。NAVFは当初から株主提案が成立するとは考えておらず，会社への揺さぶりとして，株主提案を行っている印象がある。

第一建設工業に対する自己株式取得，社外取締役の員数に関する定款変更の株主提案への賛成率は，各々6.0％，5.7％だった。日本精化に対する譲渡制限付株式報酬制度に係る報酬額改定，自己株式取得，社外取締役の員数に関する定款変更の株主提案への賛成率は，各々8.3％，9.3％，9.8％だった。バンドー化学に対する譲渡制限付株式報酬制度に係る報酬額承認，自己株式取得，社外取締役の員数に関する定款変更の株主提案への賛成率は，各々0.2％，12.7％，

7.5％だった。石原ケミカルに対する譲渡制限付株式報酬制度に係る報酬額改定，自己株式取得，社外取締役の員数に関する定款変更の株主提案に対する賛成率は，各々9.6％，22.1％，20.9％だった。バイタルケーエスケー・HDに対する自己株式取得，社外取締役の員数に関する定款変更に対する賛成率は，各々20.5％，15.6％だった。北越コーポレーションに対する譲渡制限付株式報酬制度に係る報酬額承認，自己株式取得，社外取締役の員数に関する定款変更の株主提案に対する賛成率は，各々36.1％，37.8％，36.5％だった。

➤NAVFの投資先のイハラサイエンスやT&K TOKAがMBOを発表

NAVFは2023年1Qの運用報告ビデオで，イハラサイエンスのMBOによる成果と，T&K TOKAへのTOBに失敗した事例を挙げ，投資先企業とのエンゲージメントをスケールアップするという話をした。

NAVFがイハラサイエンスに対して最初に大量保有報告書を提出したのは2022年3月だったが，イハラサイエンスは2023年2月にMBOを発表したため，NAVFは同年3月に保有比率を10％→ゼロと全て売却した。

NAVFは2023年1月時点で21.7％保有していたT&K TOKAに対して，保有比率を44％まで引き上げるTOBを行ったが，失敗した。NAVFからのTOBを逃れたT&K TOKAは，2023月8月にベインキャピタルによるMBOを発表したが，NAVFは2024年10月に保有比率を23.8％から24.2％へ引き上げた。NAVFによるTOB価格は1,300円だったが，ベインキャピタルによるTOB価格は1,400円で，発表前株価に対して32％のプレミアムが付された。T&K TOKAへのTOBは成功し，2024年4月25日に上場廃止になった。

NAVFの2024年3月末時点の上位5保有銘柄は，フジ・メディア・HD，文化シヤッター，明星工業，栄研化学，リンナイの順だった。2023年8月末まではマーケティング支援等を行うインテージHDが1位の組入だったが，2023年9月にNTTドコモがTOBでインテージHDを上場子会社にする過程で売却した。

アクティビストの保有銘柄は重複することが多いが，NAVFの10位組入れの文化シヤッターは2021〜2023年の株主総会で，3年連続でストラテジックキャピタルから株主提案を受けた銘柄だった。NAVFは2022〜2024年に3年連続で荏原実業に株主提案を行ったが，否決された。NAVFは荏原実業に対して，

2020年10月から大量保有報告書を出しており，2023年1月に保有比率を6.97％に引き上げていた。私が荏原実業に取材した時に，IR担当者からNAVFは紳士的な対応だったという話を聞いた。

2　AVIはジェントルマンなアクティビスト

　1985年に創業されたAVI（Asset Value Investors）はHPで，①集中した株式ポートフォリオ，②ロングオンリーのバリュー・タイプで，ボトムアップの運用スタイル，③NAV（Net Asset Value）に比べてディスカウントされた高クオリティの無視された証券の発掘，④株主価値向上へのアクティブな関与，⑤コントラリアン的なアプローチ等を通じて，顧客に魅力的なリターンを提供すると書いている。

　日本人の担当者も2名在籍している。うち共同日本調査責任者を務める坂井一成氏は，東京大学とハーバード・ビジネススクールを卒業し，マッキンゼーでコンサルタントとして働いた後，2020年にAVIに参画した。

　AVIのジョー・バウエルンフロイントCEOは2023年11月28日の日経インタビュー記事で，「日本に投資を始めてから20年経つが，この5～6年の変化はドラマチックだ。経営者は資本効率への意識を高め，株主とも積極的に対話をするようになった。日本企業は『割安だけど，変わらない』から『割安だが，変わっていく』とみなされるようになった。この1～2年は『モア』だ。ここで立ち消えになれば，『やはり日本はネバーチェンジ』と思われてしまう。AVIは投資先企業の価値を長期的に高めるために，戦略的・生産的にキャッシュを使ってもらうよう対話している。変化に抵抗を感じる企業もあり，そうした場合には対話や提案内容を公にすることもある」と述べた。私はロンドンの投資家を訪問する際に，AVIも訪れるが，ジェントルマンな担当者が多い印象を抱いている。

AVIは2つの上場ファンドを通じて日本株投資を行う

　日本株への投資は2024年3月末時点で運用資産が13億ポンド（約2,500億円）の"AVI Global Trust"と，同1.9億ポンド（約360億円）の"AVI Japan

Opportunity Trust"を通じて行われている。

　前者は英国を除く欧州株に35％，北米株に30％投資し，日本株の比重は18％だった。2023年9月末時点で上位10に日本株は入っていなかったが，12位に日本光電，19位にワコム，23位にDTS，24位にデジタルガレージ，25位に八十二銀行，26位に京都FG，27位に大日本印刷，28位にコニシ，29位に滋賀銀行など組み入れられていた。このファンドの1985年6月末の設定以来のパフォーマンスは年率11.6％だった。

　後者の2024年3月末時点の上位10の保有銘柄は栄研化学，TSI HD，コニシ，日本光電，タクマ，DTS，ジェイドグループ，信越ポリマー，Beenos，アルプス物流だった。同ファンドの2018年10月の設定以来のパフォーマンスは年率7.5％だった。AVIは同ファンドの2022年のアニュアルレポートで，日本企業とのエンゲージメントについて，①DTSは取締役会で2人の女性取締役が誕生してダイバーシティが改善した，②長谷川香料は英語を話すグローバルIRチームを構築した，③エスケー化研には2017年から株主として水面下で交渉したものの，会長・社長と面談できなかったため，2021年からパブリック・キャンペーンを開始したと述べた。

図表6-2 "AVI Global Trust"と"AVI Japan Opportunity Trust"の日本株上位10保有銘柄

ファンド名		AVI Global Trust			AVI Japan Opportunity Trust		
運用資産（100万ポンド）		1,297			181		
上位保有銘柄	コード	会社名	組入比率(%)	コード	会社名	組入比率(%)	
1	6849	日本光電	3.7	4549	栄研化学	9.8	
2	6727	ワコム	2.3	6013	タクマ	9.0	
3	9682	DTS	1.6	6849	日本光電	8.3	
4	4819	デジタルガレージ	1.6	3608	TSI HD	7.9	
5	8359	八十二銀行	1.2	4956	コニシ	7.8	
6	5344	京都FG	1.2	9682	DTS	7.0	
7	7912	大日本印刷	1.1	7970	信越ポリマー	5.9	
8	4956	コニシ	1.1	3558	ジェイドグループ	5.2	

| 9 | 8366 | 滋賀銀行 | 1.1 | 6727 | ワコム | 4.3 |
| 10 | 4628 | エスケー化研 | 1.0 | 3328 | Beenos | 4.3 |

注：AVI Japan Opportunity Trustのデータは2024年2月29日時点。AVI Global Trustの上位保有銘柄は2023年9月30日時点，運用資産は2024年3月25日時点。現金および現金同等物を除く。このリストは推奨銘柄でない
出所：会社資料，Financial Timesよりみずほ証券エクイティ調査部作成

➤ 2023年6月の株主総会でNC HDに対する株主提案が一部成立

　AVIは水面下でのエンゲージメントを好み，株主提案を行うのはエンゲージメントが失敗した企業に対してであるようだ。

　エスケー化研に対しては2023年まで3年連続で株主提案を行ったが，定款一部変更（自己株式の消却）と剰余金処分の株主提案に対する2023年の賛成率は各々25.8％，35.1％と2022年並みだった。

　コンベアーや立体駐車場装置等を製造するNC HDとのエンゲージメントについてNC HDのHPには，2023年5月2日の株主提案受領に始まり，6月29日の株主総会まで，株主提案への反対意見，従業員組合による反対声明，議決権行使結果のMoMによる開示方針と共同協調行為等の認定基準の制定，反対意見に対するAVIの見解に対するNC HDの見解などが掲載された。AVIはNC HDに対して8つの株主提案を行ったが，うち定款一部変更（剰余金の配当等），剰余金処分，取締役の報酬決定に関する株主提案が，各々69.6％，61.6％，58.0％の賛成率で可決された。

　AVIは「NC HDは時価総額の6割に上る正味現預金・税引後投資有価証券を抱えているため，配当性向は少なくとも70％が適切であるが，過去5年平均で14％と著しく低い」と主張していた。NC HDはAVIが19.45％，米国のMIRI Capitalが24.4％，両社で43.8％（ブルームバーグより。有報の外国人投資家保有比率は46.4％）保有していたので，一部の日系運用会社が賛同すれば，過半数を得やすかったようだ。定款変更には3分の2以上の賛成率が必要だが，可決された株主提案は，配当の決定を「株主総会の決議によらず取締役会の決議によって定める」から，「取締役会の決議によって定めることができる」に定款を変更する内容だった。

　NC HDは2023年7月に株主総会の議決権行使結果の追加情報として，株主

提案の議案3と4にはAVI以外の一般株主の95％超が反対したとのMoM賛成率を発表した。

AVIの投資先の東証の要請に対する対応状況

アパレルのTSI HDは2023年7月のコーポレートガバナンス報告書で，「東証の要請する水準を下回っているPBRについて改善を図ることが経営上，重要な課題と認識しており，近い将来，株価水準を上げるための具体的な方策について開示，実行する予定だ」と記して，株価が一時上昇したが，その後業績悪化で下落に転じた。TSI HDは2024年4月に，ROE8％を目指す中期経営計画と，DOE4％以上の株主還元策を発表した。

医用電子機器の日本光電は2023年7月に発表したコーポレートガバナンス報告書に，「連結ROEを重要な経営指標としており，中期経営計画で資本コストを上回る10％（2022年度実績は10.6％）を目標にしている。資本コストは毎年見直しており，現在5％強と見ている」と記載した。

ITサービスのDTSは2022年4月に発表した中期経営計画「Vision2030」でROE16％（同13％），配当性向50％以上，総還元性向70％以上を掲げ，2023年12月に発表したコーポレートガバナンス報告書に，「CAPMにより算出した株主資本コストを踏まえて，ハードルレートを設定し，投資採算性を意識した意思決定を行っている」と記した。

接着剤のコニシは2023年12月に発表したコーポレートガバナンス報告書に，「資本コストや株価を意識した経営の実現の対応に関しては，現在開示に向けた検討を進めており，2023年度中もしくは2024年5月開催の決算説明会で行う予定だ」と記載した。

デジタルペンのワコムは2024年3月に更新したコーポレートガバナンス報告書に，「想定株主資本コストを意識したROEを設定している。ROICをモニタリングし，ハードルレートを念頭に事業運営に取り組んでいる」と記載した。

▶親子上場や政策保有株式に着目

AVIは親子上場や政策保有株式に着目した投資も行う。

日本製鉄の上場子会社の日鉄ソリューションズの2022年6月の株主総会で，

AVIが行ったセクハラ・パワハラ等の特別委員会の設置，政策保有株式の売却，親会社に対する預け金の禁止，自己株式の取得の株主提案は，賛成率が各々8.6％，13.9％，13.8％，11.0％で否決された。AVIは2021年の株主総会でも同社に対して，剰余金処分，自己株式の取得，譲渡制限付株式付与のための報酬決定の株主提案を行い，賛成率が各々12.6％，10.8％，9.3％で否決された。AVIは2023年の株主総会では日鉄ソリューションズに対して株主提案を行わなかったが，親子上場企業には同じ提案を長年続けることで，親子上場関係が解消されたり，ガバナンスが改善されたりする場合がある。

AVIはTBS HDに対して2018年の株主総会で，保有する東京エレクトロンの現物配当の株主提案を行って否決されたが，その後TBS HDは東京エレクトロン株を若干減らしたので，AVIのエンゲージメントの一定の成果はあったようだ。TBS HDは，2023年12月に発表したコーポレートガバナンス報告書で，持合解消の実績を示したうえで，「資本コストと資本収益性に関しては，東証からの要請も踏まえ，適切な指標を算出したうえで取締役会などに諮り，現状分析を実施している。成長戦略など，ROEの向上やPBRの改善に向けた方策，および指標の情報開示については，2024年度から始まる次期中期経営計画において示す予定だ」と記した。

3　シルチェスターはディープ・バリュー・トレーダー

シルチェスターの運用資産は半減か？

　私はほとんどのアクティビストとコンタクトがあるが，ロンドンのシルチェスターの方と話したことがないので，以下は公表情報に基づく推測である。

　シルチェスターは，1994年にモルガンスタンレー出身のスティーブン・バット氏によって設立された。大和証券グループ本社に大量保有報告書を提出したことがあり，大和証券との関係が深いようだ。2022年の岩手銀行への株主提案書で，2022年3月末時点の日本株運用資産を1兆9千億円としていたが，大林組の株主提案書では2023年3月末時点の同資産が1兆8億円超としたため，運用資産が半減した可能性がある。

　HP記載の運用哲学では，「我々は企業によって提供された利益，資産，配当

によって定義される本質的な価値を最大化することにフォーカスする。我々は
これを強い株価ディシプリンで実行する。利益，資産，配当に対する低いバ
リュエーションは，スタート時点でより多くの利益，資産，配当を意味し，
我々の努力で利益，資産，配当を増やすことができる企業を特定する。本質的
価値を成功理に蓄積することは，高いリターンにつながる」と述べている。シ
ルチェスターが大量保有報告書を提出した55銘柄の平均保有期間（5％保有の
報告が出されてから，5％未満になるまでの期間）は7年近くに及ぶ。ただ，
シルチェスターは株価が大きく値上がりした銘柄は利食うことが多いので，
ディープ・バリュー・トレーダーともいえる。

図表6-3 シルチェスターが大量保有報告書を提出した銘柄

コード	会社名	直近提出日	初回提出日	保有時価 (100万円)	保有株数 (1,000株)	保有 比率 (％)		前回提出 時保有比 率（％）
8345	岩手銀行	2023/1/5	2007/9/19	2,038	824	4.45	↓	5.46
5110	住友ゴム工業	2023/1/10	2021/12/17	68,249	35,326	13.43	↑	12.43
8366	滋賀銀行	2023/1/30	2008/2/25	9,466	2,323	4.38	↓	5.41
1833	奥村組	2023/2/1	2007/6/18	8,802	1,815	4.69	↓	5.70
6302	住友重機械工業	2023/2/27	2018/7/3	78,619	16,569	13.48	↑	12.47
7459	メディパルHD	2023/4/3	2021/5/20	63,386	26,516	11.76	↑	10.22
2201	森永製菓	2023/4/6	2022/2/24	5,090	1,974	4.10	↓	5.11
7350	おきなわFG	2023/5/18	2021/11/4	0	0	0.00	↓	5.38
7272	ヤマハ発動機	2023/5/22	2023/1/17	30,151	21,285	6.08	↑	5.05
1878	大東建託	2023/6/5	2023/6/5	58,410	3,452	5.01		0.00
1801	大成建設	2023/6/19	2022/1/14	73,677	13,362	7.08	↑	6.01
1951	エクシオグループ	2023/8/16	2023/4/27	15,077	9,066	8.26	↑	7.21
3291	飯田グループHD	2023/8/21	2019/8/20	49,734	25,537	9.11	↑	8.10
1803	清水建設	2023/9/27	2021/12/20	26,165	29,622	3.98	↓	5.00
5844	京都FG	2023/10/4	2023/10/4	13,742	4,999	6.59		0.00
8601	大和証券グループ本社	2023/10/31	2022/5/20	72,662	63,129	4.02	↓	5.06
7186	コンコルディアFG	2023/11/1	2016/4/8	51,333	63,281	5.37	↓	6.39
2784	アルフレッサHD	2023/11/15	2021/4/23	45,935	20,908	10.31	↓	11.33
4324	電通グループ	2023/11/21	2023/3/13	95,605	22,239	8.23	↑	7.11

9072	ニッコンHD	2023/11/28	2008/1/22	20,841	7,030	10.69	↓	11.72
5463	丸一鋼管	2024/1/5	2015/4/17	17,368	4,200	5.00	↓	6.03
8012	長瀬産業	2024/1/16	2008/10/28	14,701	5,581	4.73	↓	5.79
9987	スズケン	2024/2/21	2017/7/21	27,003	5,990	7.23	↓	8.29
6395	タダノ	2024/2/29	2019/11/21	16,424	12,206	9.43	↓	10.50
4887	サワイグループHD	2024/3/1	2021/11/12	22,482	3,872	8.84	↓	9.92
5991	日本発条	2024/3/5	2018/11/21	34,858	22,482	9.21	↓	10.23
1944	きんでん	2024/3/18	2017/4/13	50,413	16,671	8.23	↓	9.31
1860	戸田建設	2024/3/26	2007/9/19	19,561	19,206	5.95	↓	7.01
4521	科研製薬	2024/3/27	2021/4/23	7,619	2,216	4.82	↓	5.90
4202	ダイセル	2024/3/27	2020/1/28	34,939	23,768	8.28	↓	9.36
2432	ディー・エヌ・エー	2024/3/29	2022/4/8	9,900	6,373	5.22	↓	6.23
5711	三菱マテリアル	2024/3/29	2018/8/14	56,039	18,031	13.71	↓	14.79
1721	コムシスHD	2024/4/4	2022/5/18	34,031	9,435	7.09	↓	8.11
5714	DOWA HD	2024/4/11	2018/11/2	56,219	9,676	15.61	↓	16.65
4676	フジ・メディアHD	2024/4/11	2017/6/14	27,924	13,665	5.83	↓	6.87

注：2024年4月12日時点。2023年1月以降に大量保有報告を提出した銘柄。上場廃止銘柄を除く。初回提出日はその銘柄に対して初めて大量保有報告書を提出した日（途中5%以下になった期間がある場合がある）。このリストは推奨銘柄でない

出所：QUICK Astra Managerよりみずほ証券エクイティ調査部作成

➤サンゲツとリョーサンの長期投資に成功

　ブルームバーグでは2005年からの大量保有報告書のデータしか閲覧できないが，シルチェスターが最も古くから保有しているのはインテリア商社のサンゲツで，ウェブサイトの株主プロによると，2001年12月に9.2％の大量保有報告書を提出した（当報告書提出前の保有比率は8.19％，初回提出日は不明）。2015年11月に保有比率を21.6％に引き上げた後，サンゲツの株価が回復したためか，保有比率を2022年3月に11.4％まで引き下げた。サンゲツは長年業績が低迷していたが，2014年に就任した三菱商事出身の安田正介社長の下で経営改革が進み，2023年3月期に過去最高益を更新した。2021年12月に発表した株主還元方針で，3年間の総還元性向をほぼ100％とするとし，2023年3月期まで9年連続で増配した。シルチェスターは2022年11月に保有比率を5％未満に引き下げたが，株価は2024年2月に史上最高値を更新したため，少し早すぎる利食いだったかもしれない。

ブルームバーグのデータでは，シルチェスターが2番目に古くから保有している電子部品商社のリョーサンであり，2007年3月に大量保有報告書を提出した。リョーサンは2022年3月期までの5年平均のROEが3.7％と低かったが，車載半導体市場の回復にも乗り，業績を改善させた。シルチェスターは2023年2月に18.2％保有していた株式をリョーサンと同業の菱洋エレクトロに売却した後，両社は5月に経営統合を発表した（現 リョーサン菱洋HD）。同年6月に村上ファンド系がリョーサンに対して大量保有報告書を出し，15.0％まで引き上げた。村上ファンド系は2018年に黒田電気を上場廃止に追い込むなど，電子部品商社の再編に力を入れていた時期もあったため，一枚かもうとしたのかもしれない。

▶建設株への投資を好む

　建設株は政策保有株式の保有が多く，キャッシュリッチで低PBR株が多いので，シルチェスターも投資を好むが，株価が上がると利食う傾向がある。

　シルチェスターは2007年6月から保有する奥村組について，株価が上がったら保有比率を下げ，株価が下がったら保有比率を引き上げるトレーディングを続けた。奥村組は2022〜2024年度中計で，配当性向70％以上＆政策保有株式の純資産比20％以下などの資本政策の目標を掲げた。シルチェスターは奥村組の保有比率を2020年12月のピークの13.95％から，2023年2月に5％未満に引き下げた。

　2007年9月から保有している戸田建設は2019年7月に保有比率を13.1％まで引き上げた後，2024年2月に保有比率を7％まで引き下げた。戸田建設は2022年5月に発表した中計で，2024年度ROE目標8％以上（2021年度実績は5.9％）＆総還元性向40％以上とした。2023年6月の株主総会で戸田建設に自己株式取得の株主提案を行ったのは，シルチェスターではなく，ダルトン・インベストメッツだった。

　大林組に対しては特別配当の提案を行ったが，賛成率26％で否決された。シルチェスターは大林組に対して大量保有報告書を出していなかったため，株主提案は唐突感があった。大林組が大手ゼネコンの中で，相対的に株主還元余地が大きいとみなされたのかもしれない。大林組は株主総会招集通知で，DOE

３％程度を目安に掲げていると反論すると同時に，政策保有株式の削減状況の図を掲載した。大林組は2024年３月に，ROEやDOEの目標を引き上げたことで，株価が大きく上昇した。

　また，2021年12月に清水建設に対して大量保有報告書を提出した後，2023年９月に保有比率を５％未満に引き下げた。逆に，大成建設に対しては，2022年１月に大量保有報告書を提出した後，2023年６月に保有比率を7.1％に引き上げた。

➤ 京都FG以外の地銀株を利食い

　地銀株は2023年に日銀の政策変更期待，低PBR株としての評価，株式持合解消の前向き姿勢等を背景に，株価が大きく上昇した銘柄が多かったが，シルチェスターは2022年以前から主要地銀株を長期保有してきた。

　シルチェスターは2022年６月の株主総会で地銀４行に対して株主提案を行ったが，いずれも否決された。滋賀銀行に対する増配の株主提案は賛成率23.1％で否決された。滋賀銀行はニデックや村田製作所など京都の優良株の保有が多く，シルチェスターが滋賀銀行の含み益に目を付けた投資だと推測された。岩手銀行に対しても2021年度のDPS156円（年間配当80円＋特別配当76円）を求める株主提案が22.3％の賛成率で否決されたが，岩手銀行は2023年３月にDPSを前期の60円から80円への増配を発表し，５月の決算発表でも2022年度の予想配当90円への増配を発表した（ただし，2023年度は80円へ減配予想）。シルチェスターは岩手銀行を2007年，滋賀銀行を2008年から長期保有していた。

　滋賀銀行以上に京都企業の含み益が大きいとみられる京都FGへの増配の株主提案は，25％の賛成率で否決された。中国銀行に対する増配提案も，13.4％の賛成率で否決された。京都FGは特別配当と自己株式取得を求めたシルチェスターに対して，総還元性向50％以上にコミットしていると反論し，賛成率は各々23％，20％だった。シルチェスターは2022年に株主提案した３行の地銀の保有比率を株価上昇過程で引き下げたが，京都FGだけは2023年10月時点で6.6％の保有比率を維持している。シルチェスターは，2023年６月の株主総会では京都FGに対してのみ株主提案を行った。

　シルチェスターは株主提案を行っていないコンコルディアFGを長期保有す

る一方，おきなわFGは2023年5月に保有比率をゼロに引き下げた。

シルチェスターと資本関係を持つ日本バリュー・インベスターズ

　シルチェスターが2022年6月の株主総会で地銀4行に株主提案を行ったのも初めてだったが，シルチェスターの出資を受ける日本バリュー・インベスターズが，高周波熱錬に対して剰余金処分の株主提案を行ったのも初めてだった。同提案は21.6％の賛成率で否決された。

　日本バリュー・インベスターズは，朝日ライフ・アセットマネジメント出身で，シルチェスターに1年間出向していた伊藤義彦氏等によって2005年に創業された。本社は東京の丸の内にあるが，シルチェスターの関連ファンドなので，シルチェスターに次いで記載した。シルチェスターと同じバリュー運用を基本とし，スクリーニングを基にした独自の割安基準に合致する銘柄の抽出，財務分析，事業分析という3つのステップに基づきリサーチを行っている。

　日本バリュー・インベスターズが「高周波熱錬の自己資本比率は70％を超える高水準にあり，配当性向40％程度が継続する場合，ROEのさらなる低下が懸念されるため，配当性向100％を採用すべきだ」と主張したのに対して，高周波熱錬は，①資本コストを上回るROE5％以上を目指し，②PBR1倍以上に向けた施策，③政策保有株式の確実な縮減などを行うとした。高周波熱錬は株主提案に対する意見を表明した2022年5月に，上限15億円（発行済株式総数の7.8％）の自社株買いを発表した。

　日本バリュー・インベスターズは2023年6月の株主総会で，高周波熱錬と日本精機に株主提案を行った。5.95％を保有する高周波熱錬に対しては2年連続の株主提案で，自己株式取得の提案に対する賛成率は25.4％だった。

　日本精機に対しては大量保有報告書を提出していないが，自己株式取得の提案に対する賛成率は31.7％だった。日本精機は2023年11月にROEを1.2％→5.5％と引き上げる新中計と，自社株買いを発表した。

　日本バリュー・インベスターズは，2024年6月の株主総会で，コメリに対して剰余金処分の株主提案を行った。

4 Kiltearn Global Equity Fundは少数の日本株に投資

　Kiltearn Global Equity Fundは日本ではほとんど知られていないファンドだったが，スコットランドのエジンバラに拠点があり，英国ではアクティビストとはみなされていない。KiltearnのHPは，ディシプリンを持ったバリュー投資を哲学とする，グローバル株式プログラムをアクティブに運用する投資会社だと書いてある。

　東亞合成は2023年2月に①減益決算，②発行済株式数の4.95％（上限）の自社株買い，③Kiltearn Global Equity Fundの株主提案に対する反対意見を発表した。

　Kiltearn Global Equity Fundは，2023年3月の東亞合成の株主総会で増配と自社株買いの株主提案を行ったが，各々33.4％，30.5％の賛成率で否決された。Kiltearn Global Equity Fundは東亞合成の保有比率を2020年7月に5％未満に引き下げていたので，不思議なタイミングでの株主提案だった。東亞合成は2023年8月に発表した「PBR改善に向けた取組みに関するお知らせ」で，2025年までの中計期間中，総還元性向100％（従来は50％）を目途とする方針を示した。東亞合成は2024年3月にアップデートしたコーポレートガバナンス報告書で，2027年にROE8％を達成し，PBR1倍を目指すと述べた。

　Kiltearnは住友大阪セメントの株価動向に応じて，大量保有報告書を提出したり，5％未満に減らしたりしているので，バリュー型のトレーディングはシルチェスターに似ている。Kiltearnは2010年代後半にリョーサン，ニッパツ，島忠などに大量保有報告書を提出したが，いずれも5％未満に引き下げた一方，保有比率を引き上げた銘柄はなかった。日本株の運用資産が減っているのかもしれない。

5 日本に初見参した英国のパリサー

　2023年10月17日のロイターによると，英国のパリサー・キャピタルの創業者

兼CIOのジェームズ・スミス氏は，"13D Monitor Active Passive Investment Summit"で，「京成電鉄は45億ドルの隠れた価値を開放し，将来の成長を高めるユニークな機会がある」と語った。

パリサー・キャピタルは，2023年初めに英国の石油・ガス会社のCapricorn Energyの経営トップの辞任等で影響力を発揮したようだが，日本では無名のアクティビストだった。

エリオット・マネジメントに勤務した後2021年に同社を設立したジェームズ・スミス氏は，2022～2023年に京成電鉄と12回の会合を持ったという。京成電鉄は正式に株主提案を受けたことはないが，同社が保有するオリエンタルランド株の時価総額は，自身の時価総額を上回るため，アクティビストやバリューファンドから着目されたことがあった。

パリサーは京成電鉄に対して，①オリエンタルランドの保有比率を15％未満（現保有比率は21.1％）まで減らし，同社株式が京成電鉄の貸借対照表上でその他有価証券に再分類されることで，帳簿価格と時価の間に生じている会計上の歪みを解消する，②重点的な投資戦略と株主還元施策を含む資本政策を採用し，東証が要請する「資本コストや株価を意識した経営の実現に向けた対応について」に沿って，京成電鉄の資本配分を最適化する，③取締役会の多様性確保，経営陣と株主の間で企業価値向上に向けた目標の共有，相談役制度の廃止及び取締役の他社との兼任など最高水準のコーポレートガバナンスの導入に加えて，投資家とのコミュニケーション方針を改善することを提案した。

パリサーの提案は当初，勧告的な内容だったが，京成電鉄が受け入れなかったため，6月の株主総会における正式な株主提案に変更した。

6　コーポレートガバナンスの良し悪しに基づくロング ＆ショートを行うスイスのファンド

多くの大手証券会社は英国のみならず，欧州大陸で広範囲な日本株営業を行っていたが，2018年に施行されたMiFID２（第２次金融商品市場指令）で，証券会社に支払う手数料が大きく減ったため，証券会社の日本株営業はロンドンに集中するようになった（ただし，2020年の英国のEU離脱で，フランクフ

ルトにも小さなオフィスを維持）。

　スイスのプライベートバンクのUBPで，"U ACCESS – LONG SHORT JAPAN　CORPORATE GOVERNANCE" を運用するズヘール・カーン氏（元ジェフリーズ証券のコーポレートガバナンス調査担当）は，2023年10月16日のブルームバーグのインタビューで，「日本のガバナンスは改善していると思われており，そこに疑問はないが，良いガバナンスと悪いガバナンスの企業格差はさらに拡大しているのが実態だ」，「約25％の企業がガバナンス改善に積極的に取り組んでいる一方，30％程度は変化を避けている」と指摘した。

　2020年7月にローンチしたUCITSの同ファンドは，コーポレートガバナンスが良い企業をロングし，悪い企業をショートする。ロング＆ショート銘柄は明らかにされていないが，カーン氏は，取締役が自社株を保有しているか，指名委員会や報酬委員会，監査員会があるかなどに注目して銘柄選定をし，委員会が存在する場合でも，社外取締役が引退した官僚や学者といったビジネスや監査の経験がない人物であれば，ショート候補になりやすいという。基本的に大型株を対象にロング＆ショートを行うが，株式の10％までを時価総額10億ドル以下の企業に投資できるとしている。

　2023年9月末時点の運用資産は6,133万ドル（約91億円）で，ドルベースの設定以来のパフォーマンスは＋18.6％，過去1年間では＋14.9％だった。運用資産が小さいので，大量保有報告書を提出した銘柄はない。

第 **7** 章

アジアのアクティビスト

1　香港のオアシス

セス・フィッシャーCIOはイスラエル人脈を活用

　オアシスの創業者兼CIOのセス・フィッシャー氏は，1993年にニューヨーク州のイェシバ大学で政治学の学士号を取得した後，イスラエル国防軍に勤務した。

　2020年に株主提案を成立させたサン電子は，子会社のイスラエルのセキュリティ企業のセレブライト（ナスダック上場）の企業価値が大きかったうえ，イスラエル出身の２人の取締役を送り込んだので，フィッシャー氏のイスラエル人脈が活きたようだ。フィッシャー氏はハイブリッジ・キャピタルマネジメントで７年間，アジア株のポートフォリオを運用した後，2002年にオアシスを香港に設立した。ボトムアップ型のマクロオポーチュニティ投資戦略において20年以上に及ぶ運用実績を持つ。緻密で定性的及び定量的な調査力とアジア市場における現場力，広範なヘッジ及びリスク管理体制を掛け合わせて運用している。

　2022年９月のレーサムに対する公開買付説明書には，「オアシスのエンゲージメント活動は，短期的な利益を追求するのではなく，投資先企業の経営陣との対話を通じて，時間をかけて中長期的な企業価値の向上を実現するのが特徴になっている」と記載された。オアシスには45名を超える経験豊富なプロフェッショナルがいて，香港，東京，米国のオースティン，ケイマン諸島に4

つのオフィスを持つ。

セス・フィッシャーCIOは日本の企業統治改革の変化のスピードを評価

　オアシスは2006年に日本の株式市場で行った取引が適格性を欠いたとの理由で，香港の証券先物委員会から2011年に戒告処分と750万HKドルの制裁金を受けたことがあった。セス・フィッシャー氏はオアシスの女性社員が病気で亡くなったことをきっかけに，香港で女性の難病対策の慈善活動を行った。

　オアシスのセス・フィッシャーCIOは2023年11月27日の日経インタビュー記事で，「日本の企業統治改革の変化のスピードに興奮している。企業はガバナンスを改善し，政策保有株を減らし，ROEを高めようとしている。トヨタ自動車のような会社も大きく動いている。ここまで来たというのは驚きだ。私たちはしばしば，資本コストは企業が考える水準よりもずっと高いという見方を持っているが，企業との目線の差は狭まってきている。多くの業種では企業間の統合が足りないと考えており，現金を貯め込んでいる企業にはM&Aなどをするように働きかけている。現金の価値が減っていくインフレ環境下では，現金を眠らせないことがとても重要だ」と語った。

オアシスはパブリックキャンペーンを行うことが多い

　日本で株主提案はめったに成立しない中，サン電子やフジテックで株主提案を成立させた実績もある。

　マスコミにあまり報道されたくないとロー・プロファイルを維持しているアクティビストも多いが，オアシスは積極的にマスコミに出ることを好む。オアシスのHPには日経，ブルームバーグ，FT（Financial Times），ロイターなど主要メディアに報じられた記事が掲載されている。

　オアシスはターゲットとする日本企業に対して，経営改革策などのプレゼン資料を日本語と英語でWEB上に公表し，パブリックキャンペーンを行うことが多い。2019年3月「アルパインを守る」，2019年5月「より良い東京ドーム」，2020年5月「三菱倉庫のガバナンス改善」，2020年5月「安藤ハザマのガバナンス改善」，2020年6月「より強いサンケン電気」，2022年6月「フジテックを守るために」，2023年5月「今こそ責任追及を：北越のコーポレートガバナン

ス改革」, 2024年4月「より強い花王」などがあった。

　また, オアシスはパブリックキャンペーンの資料で, 同業他社に対する低パフォーマンスを指摘することが多い。東京ドーム（2021年に三井不動産によって買収）に対するキャンペーンでは富士急行, オリエンタルランド, 東京都競馬に対する株価のアンダーパフォームを指摘し, 保有資産を十分運営できておらず, 宝の持ち腐れだと述べた。

　フジテックに社外取締役を送り込み, 内山高一前会長の解任に成功した際のキャンペーン資料では, 内山前会長の会社資産の私的流用の疑いについて詳細に記載した。オアシスはフジテックについて, 過去数十年分の有報を分析したり, 不動産登記情報等を調べたり, 徹底的なリサーチを行ったようだ。フジテックの株式の約10%を保有していた内山高一前会長はオアシスに反撃を試みるべく, 2023年6月の株主総会で8人の取締役選任の株主提案を行ったが, 13%程度の賛成率で全て否決された。内山前会長は株主総会後に「ファンドを追い出し, 正常化できるよう, 引き続き戦っていく」と語った。オアシスは株主総会後の2023年8月に, フジテックの保有比率を16.5%→19.9%とさらに高めた。

図表7-1　オアシスの過去の株主提案の結果

提案日時	コード	会社名	内容	賛成率（%）
2023年8月	3391	ツルハHD	取締役選任, 個人別の固定報酬額決定, 会長・副会長の廃止	15.8〜28.1
2023年6月	1861	熊谷組	自己株式取得	12.19
			剰余金処分	13.62
			定款の一部変更（戦略検討委員会の設置）	21.67
2023年2月	6406	フジテック	社外取締役の入替え, 役員報酬制度の見直し	一部可決
2022年6月	6406	フジテック	内山高一代表取締役社長の取締役再任への反対	NA
2021年6月	5901	東洋製罐グループHD	取締役の報酬額改訂	7.1
			監査等委員会設置会社制度への移行	6.9

			相談役・顧問等の廃止	26.8
			自己株式取得	18.6
			TCFDを踏まえた経営戦略を記載した計画の開示	14.3
2020年12月	9681	東京ドーム	長岡勤社長等の解任	28.2～33.5
2020年6月	1719	安藤・間	自己株式取得	27.9
			安全衛生徹底の定款変更	13.6
	6406	フジテック	定款変更	32.9
	9301	三菱倉庫	自己株式取得	9.4
			取締役選任	19.8～22.1
			委員会設置会社への移行	11.9
			相談役・顧問の廃止	22.5
2020年4月	6736	サン電子	取締役4人の解任と5人の取締役選任	可決
2019年6月	1719	安藤・間	安全衛生徹底の定款変更	30.1
2018年3月	3001	片倉工業	佐野公哉社長の解任	否決
	9449	GMOインターネット	買収防衛策の廃止等	否決
2017年11月	2168	パソナグループ	適切な経営資源の配分，ガバナンス体制の刷新	エンゲージメント
2017年10月	6770	アルプスアルパイン	アルプス電気による買収価格が低すぎる	エンゲージメント
2017年3月	3001	片倉工業	ROEを意識した経営への定款変更	否決
2017年1月	NA	パナホーム	パナソニックによる買収手法を株式交換からTOBへ変更	エンゲージメント
2015年	6971	京セラ	KDDI株の売却，株主還元	エンゲージメント
2013～14年	7974	任天堂	スマホビジネスへの進出	エンゲージメント

注：このリストは推奨銘柄でない
出所：会社発表よりみずほ証券エクイティ調査部作成

▶以前から親子上場やオーナー系企業へ投資

　オアシスは時々変わった内容の株主提案をしたり，ターゲットとして難しいと思えるオーナー系企業に株主提案を行ったりする。

　前者に関連して，オアシスは2018年6月の安藤ハザマの株主総会で，近年重大事故が繰り返し発生したとして，「安全衛生管理の徹底」を定款に盛り込む

ように株主提案を行って，賛成率が30.1％で否決された。後者では，創業者の熊谷正寿会長兼社長が41％を保有するGMOインターネットの2018年の株主総会で買収防衛策の廃止を提案し，否決されたものの44.3％の賛成率を獲得した。オアシスは株主提案が否決された後，GMOインターネットの保有比率を5％以下へ引き下げた。

　同じく創業者の南部靖之社長が44％を保有するパソナグループについても，オアシスは2017年末に適切な経営資源の配分，厳格なコスト管理体制の徹底，ガバナンス体制の刷新を求めるWEBサイトを開設したが，株主総会での株主提案は行わなかった。

　2017年のパナソニックによるパナホームの完全子会社化で，オアシスはパナホームの時価総額の約6割に達していた現金同等物がパナホームのバリュエーションに反映されておらず，パナホームの1株：パナソニック株0.8株の交換比率が低すぎると統合に反対した結果，パナソニックはパナホームの買収手法を株式交換からTOBへ変えたうえで完全子会社化を行った。このTOB価格は株式交換の価格に比べて約2割高かった。

➤オアシスが訴えたアルプスアルパインの統合比率を巡る裁判は棄却

　オアシスが2019年のアルプス電気（現在のアルプスアルパイン）によるアルパインの完全子会社化の際の株式交換比率1：0.68が低すぎると訴えた裁判は，2022年3月に東京地裁で棄却，2023年9月に東京高裁でも棄却されたため，現在最高裁で係争中である。会社側は，株式交換比率の決定及び公表から総会承認まで約500日（平均は142日）もかかった理由として，米国証券法に基づく届け出に時間がかかることなどを挙げていた。

　オアシスは東京高裁で，①この間アルプス電気が業績予想を下方修正，アルパインが業績予想を上方修正したにもかかわらず，統合比率が変更されなかった，②アルパインの企業評価にのみサイズプレミアムが適用されて，割引率が高めに設定されアルパインが過小評価された，③会社法学者の意見書を基に，東京地裁の法解釈には明白な誤りがある等を主張した。会社側は記録がないと反論したが，オアシスは両社に投資していたエリオット・マネジメントと両社とのエンゲージメントが行われ，利益供与として特別配当等の株主還元が行わ

れたと主張した。

　アルパインの臨時株主総会で，アルプス電気とエリオット・マネジメントを除くアルパイン少数株主の統合反対比率は過半数に達した。アルプスアルパインは2022年度業績を下方修正し，最終的に純利益が前年比50％減になったうえ，2024年1月に2023年度業績予想も下方修正し（減損計上で純利益は赤字転落），減配もするなど，経営統合の効果が出ているとは言い難い。PBRは1倍を大きく割れており，東証がPBR1倍割れ対策を求める中，アルプスアルパインは2025年度からROICを導入するとしたが，資本コストと比較したROICの目標値を開示する企業が増えている中では，対応が遅い印象がある。

図表7-2　アルプスアルパインの経営統合を巡る経緯

日付	内容
2017年3月	旧アルプス電気と旧アルパインが2017年7月に株式交換契約を締結
	旧アルパインがSMBC日興証券をFA及び第三者算定機関に選定
2017年7月	両社が株式交換比率1：0.68で合意
2017年10月	旧アルパインが2018年3月期の営業利益予想を上方修正
	オアシスが旧アルパインに大量保有報告
2018年1月	旧アルパインが2018年3月期の営業利益予想を再上方修正
2018年6月	旧アルパインの定時株主総会でオアシスの株主提案が否決
2018年7月	エリオットが旧アルパインに大量保有報告
	旧アルパインの特別委員会がYCGを第三者算定機関として選任
2018年8月	エリオットが旧アルプス電気に大量保有報告
2018年9月	旧アルプス電気が持株会社体制における株主還元の基本方針を発表
2018年11月	ISSが株式交換の承認議案への反対を推奨
	旧アルプス電気が400億円の自社株買いを発表
2018年12月	旧アルパインの臨時株主総会で株式交換議案が可決
	オアシスが株式買取請求権を行使
	旧アルプス電気が2019年3月期の営業利益予想を下方修正
	旧アルパインが上場廃止
2019年1月	旧アルプス電気が社名をアルプスアルパインに変更
	旧アルプス電気が2019年3月期の営業利益予想を再下方修正
2019年2月	オアシスが旧アルパインに対して株式買取価格決定の申立て
2022年3月	東京地裁の判決でオアシス側が敗訴

2022年4月	アルプスアルパインが中計の株主還元方針を発表
2022年6月	オアシスが東京高裁に控訴
2023年1月	シティインデックスイレブンスがアルプスアルパインに大量保有報告
2023年4月	アルプスアルパインが社長交代を発表
2023年5月	アルプスアルパインがIR Dayで中計目標を下方修正
2023年9月	東京高裁の判決でオアシス側が敗訴
2024年1月	2023年度の業績予想の下方修正, 減損計上, 減配を発表

出所：会社発表, 新聞報道よりみずほ証券エクイティ調査部作成

➤ オアシスのドラッグストアの再編狙いは奏功

　オアシスはツルハHDの2023年8月株主総会で, 創業家である鶴羽ファミリーのガバナンス不全を追及するための株主提案を行ったが, 10〜20%台の賛成率で否決された。

　オアシスはツルハHDに対して, 鶴羽樹会長が務める会長職の廃止や, 取締役会議長の社外取締役からの選出等を求めた。フィッシャーCIOは2023年7月7日の日経インタビューで, 「経営陣を監督するシステムが機能していない。今は創業家のための体制だ。例えば, 会長は息子の社長を監督する。創業家の持分はツルハ株の10%未満しかないのに, 監査等委員でない取締役5人のうち4人が創業家出身者で占められている」と, 創業家のガバナンス不全を指摘した。

　一方, ツルハHDは「当社に社外取締役の総入替えが必要となるガバナンス上の重大な問題はない。オアシスが, 2022年の定時株主総会終了後わずか6カ月程度の間に当社株を急速に買い増し, 何らかの意図をもって創り出し, いわば論点設定したものだ」と述べた。鶴羽順社長は日経インタビューで, 「当社はM&Aで拡大し業界で成功してきた。鶴羽樹会長など経営陣に経験がある。株主提案の候補者はドラッグストアのM&Aを進めるための素質を備えていない」と反論した。

　フィッシャーCIOは, ツルハHDの13%の株式を保有するイオンとの「再編を求めていくのか」との質問に対しては, 「他社との再編は重要だ。再編は後押ししたい。ただ相手が誰ということは言えない」と答えた。

　オアシスは2023年5月にクスリのアオキに対しても5.5%で大量保有報告書

を出し，2023年8月のクスリのアオキHDの株主総会で株主提案を行ったが，賛成率は20％前後で否決された。オアシスはクスリのアオキHDで創業家の青木ファミリーの会社資産の私的流用の疑い等を指摘した。

2024年1月にイオンはオアシスが保有するツルハHDの株式を取得する独占交渉権を得て，2月にイオン，その上場子会社のウエルシアHD，ツルハHDが経営統合の協議を開始すると発表した。オアシスのツルハHDへの株主提案は否決されたが，オアシスはその保有株をイオンに高値で売却できることになったので，投資は成功したといえる。

➤片倉工業と北越コーポレーションの社長退任要求は失敗

オアシスは2018年3月の片倉工業の株主総会で，中期経営計画の未達等を理由に，佐野公哉社長（当時）の解任提案を行ったが，否決された。その後，片倉工業は低収益事業の売却や早期退職の募集等のリストラを行った結果，ROEが2017年12月期までの5年平均1.6％から，2022年12月期までの5年平均4.5％に改善した。オアシスは保有していた片倉工業の10％の株式を2021年12月に全て売却した。

オアシスは2023年5月に株主提案ではないが，北越コーポレーションに対して「今こそ責任追及を：北越のコーポレートガバナンス改善」とのキャンペーン・プレゼンを発表し，三菱商事出身で2008年から社長を務める岸本哲夫氏（当時78歳）の再任議案に反対票を投じることを呼びかけた。オアシスは再任反対の理由として，①2021年に保有する大王製紙の株式の売却を提案したにもかかわらず，保有し続けた結果，400億円の経済的損失を招いた，②過去4回の中計目標がことごとく未達に終わっている，③従業員の平均給料も減っている，④岸本社長は就任以来，他の全ての取締役を解任し，自身の役職と支配体制を維持してきた，⑤PBRが長期にわたって1倍割れとなっていることなどを挙げていた。この呼びかけの背景には，2006年に王子HDが北越コーポレーションに対して敵対的買収を仕掛けて失敗し，三菱商事がホワイトナイトとして登場した経緯があった。

北越コーポレーションはその後，不祥事があった大王製紙の創業家から株式を取得し，複雑な資本関係になった。

2023年の岸本社長の賛成率は65.1％と，2021年の80.2％から低下したが，再任された。オアシスは2023年3月時点で北越コーポレーションの株式の18.0％を保有していたが，その後の増減はみられない。2024年2月に北越コーポレーションは，大王製紙と戦略的業務提携に向けた検討を始めたと発表した。

➤オアシスが大量保有報告書を提出した相模ゴムの株価が急騰

オアシスは2023年9月1日に「株主価値を守るため，重要提案行為を行うことがある」として，相模ゴムに9.77％で大量保有報告書を提出したところ，株価が2営業日で3割近く上昇し，PBRも1倍を超えた。

相模ゴムは2023年3月期の売上の75％をコンドームを中心とするヘルスケア事業が占め，インバウンド需要の恩恵もあるが，長年業績が低迷しており，オアシスが今後どのようなリストラを求めるのかは判然としない。今後，競合のオカモトの株式も取得し，ドラッグストア業界のような経営統合を求めていくのかもしれないと思ったが，オアシスは現状オカモトに大量保有報告書を出していない。

2　シンガポール大手アクティビストのエフィッシモ　キャピタル

シンガポールのエフィッシモキャピタルは，2000年代に旧村上ファンドに短期間在籍したことがある今井陽一郎氏と高坂卓志氏が代表パートナーを務めている。日本の弁護士資格を持つ社員もいる。

米国の大学基金等が主な資金の出し手となっているエフィッシモキャピタルが大量保有報告書を提出した32銘柄の平均保有期間は6.4年と長く，長期保有の機関投資家である。エフィッシモキャピタルは東芝に社外取締役を送り込まなかったが，東芝の保有比率は9.9％と，ファラロン・キャピタル・マネジメントの5.3％や大量保有報告書を提出していないエリオット・マネジメントの保有比率を上回っていた。

大量保有報告書に基づく計算によると，エフィッシモキャピタルは東芝の取引で1,300億円近くの利益をあげた計算になる。エフィッシモキャピタルが

2022年3月末時点で大量保有報告書を提出した銘柄を合計すると1兆円近くあり，東芝，川崎汽船，第一生命HD，リコーで9割近くを占めていた。東芝を利食った資金をどこに回すのか注目されていたが，2023年9月に東芝の保有比率をゼロにした後，2023年中に新規に大量保有報告書を提出したのは中小型株の西松屋チェーンだけだった。

図表 7-3 エフィッシモキャピタルが大量保有報告書を提出した企業

コード	会社名	直近提出日	初回提出日	保有時価 (100万円)	保有株数 (1,000株)	保有 比率 (%)		前回提 出時保 有比率 (%)
5541	大平洋金属	2023/4/6	2018/12/19	1,350	1,000	5.11	→	5.1
4047	関東電化工業	2023/12/18	2018/12/19	7,486	7,516	13.06	↑	12.2
7740	タムロン	2023/12/20	2021/3/19	17,391	2,543	10.87	↑	10.3
5449	大阪製鐵	2024/1/9	2016/10/27	6,040	2,701	6.39	→	6.4
3104	富士紡HD	2024/1/10	2019/5/22	6,166	1,446	12.34	↑	12.1
5741	UACJ	2024/1/10	2015/9/4	34,823	7,645	15.82	→	15.8
1786	オリエンタル白石	2024/1/10	2018/9/21	5,231	13,551	9.76	→	9.8
6246	テクノスマート	2024/1/10	2018/3/23	1,485	818	6.60	→	6.6
7122	近畿車輌	2024/1/10	2021/4/21	1,618	674	9.75	→	9.8
7545	西松屋チェーン	2024/1/10	2021/3/4	9,103	4,147	5.96	↑	5.6
1813	不動テトラ	2024/1/25	2018/12/19	5,798	2,792	16.93	↑	15.9
7222	日産車体	2024/2/5	2014/9/19	40,440	40,199	29.68	↑	25.6
4551	鳥居薬品	2024/3/14	2023/10/19	6,624	1,677	5.82	→	5.8
7752	リコー	2024/3/22	2020/11/19	125,014	89,552	14.69	↓	15.0
6707	サンケン電気	2024/3/22	2016/1/21	29,634	4,809	19.16	→	19.2
9107	川崎汽船	2024/3/22	2007/8/20	187,895	91,768	38.52	→	38.5
8750	第一生命HD	2024/3/25	2016/1/21	357,401	97,838	9.88	→	9.9
7157	ライフネット生命 保険	2024/3/27	2019/5/22	21,737	15,820	19.71	↑	19.6
9742	アイネス	2024/4/4	2023/8/21	2,613	1,700	8.13	↑	7.2

注：2024年4月12日時点。2023年1月以降に大量保有報告を提出した銘柄。上場廃止銘柄を除く。初回提出日はその銘柄に対して初めて大量保有報告書を提出した日（途中5％以下になった期間がある場合がある）。このリストは推奨銘柄でない
出所：QUICK Astra Managerよりみずほ証券エクイティ調査部作成

➤ 昔は過激な提案もしていたエフィッシモキャピタル

過去にエフィッシモキャピタルは過激な提案をしていたこともあった。

エフィッシモキャピタルは2008年には業績不振だった学研HD（当時の社名は学習研究社）の株式の20％弱を保有して筆頭株主となり、遠藤洋一郎社長（当時）の解任や情報開示などを要求した。学研HDは買収防衛の一環として、凸版印刷や明光ネットワークジャパンなどと株式持合を強化した。エフィッシモキャピタルは学研の持株会社化に反対して保有株の買い取りを求め、学研は2010年にエフィッシモキャピタルから20％弱の自社株を買い取った。組織再編に反対する株主が投資先企業に保有株の買い取り請求する権利は会社法上認められた権利だが、当時エフィッシモキャピタルに出て行って欲しい学研と保有株をEXITしたかったエフィッシモキャピタル双方の利害が一致したとみなされた。

学研HDは2010年に就任した防衛大学校卒業の宮原博昭社長の下、赤字事業からの撤退などのリストラを行った。学習教材販売や出版を中心とした事業から、教育事業のコンテンツ強化や医療福祉分野への多角化など、事業構造の再構築を展開して業績を大きく回復させた。売上の約8割を占める教育事業では、学習塾に対する積極的なM&Aを通じて売上を拡大した。AI、ICT、eラーニングなどのエデュケーショナル・テクノロジーに活路を求め、ロボットプログラミング教育事業も展開した。学研HDの売上は2010年9月期の781億円から2023年9月期に1,641億円と2倍以上、同期間に純利益は3億円→32億円と10倍以上に増えた。

➤ ダイワボウHDのターンアラウンドに貢献

エフィッシモキャピタルは、2008年に親子上場に着目して43％の株式を保有したダイワボウ情報システムズの株式も、親会社のダイワボウHD（当時、大和紡績）にTOBで買い取らせた。TOB価格は2,400円と過去1カ月の平均株価に33％のプレミアムを乗せ、エフィッシモキャピタルの取得価格は1,559円だったため、エフィッシモキャピタルは大きなキャピタルゲインを得た。

ダイワボウ情報システムズはダイワボウの完全子会社になり、上場廃止になった。しかし、この完全子会社化によってダイワボウHDはIT企業に変貌し

たので，ダイワボウにとっては僥倖だった。2008年3月期にダイワボウの売上673億円，営業利益14億円のうち，非繊維事業は各々80億円，2億円を占めていたに過ぎなかったが，2023年3月期にダイワボウHDの売上9,039億円，営業利益279億円のうち，ITインフラ流通事業が各々8,290億円，254億円も占めるようになり，繊維事業は各々僅か620億円，15億円に縮小した。

　ダイワボウHDの大胆な事業転換には，2010年に社長に就任した坂口政明会長（2020年に退任）の功績が大きかったと推測される。事後的に振り返ると，アクティビストの企業経営に対する主張は正しかったことが少なからずあるが，学研HDとダイワボウHDの業績のV字型回復はエフィッシモキャピタルの経営介入が貢献したといえる。

エフィッシモキャピタルの投資先企業の経営状況

　エフィッシモキャピタルは，上位保有銘柄に対して強力なエンゲージメントを行うようだ。

　エフィッシモキャピタルが川崎汽船に最初に大量保有報告書を提出したのは2015年9月であり，2019年6月の株主総会でディレクターの内田龍平氏を社外取締役に送り込んだ。川崎汽船は，2022年5月に発表した「2022年度中計」で，2022年〜2026年度の営業キャッシュフロー9,000億円〜1兆円のうち，4,000〜5,000億円を株主還元に仕向けるとの高い目標を発表した。その後の海運市況の高騰もあり，川崎汽船は2024年3月に上場来高値を更新したが，エフィッシモキャピタルは目標株価に達していないとの理由からか，38.5％の保有比率を維持し，未だ利食っていない。

　エフィッシモキャピタルが15％を保有するリコーは様々な経営改革策を行っているが，主力製品の複合事務機の構造不況を脱しきれず，2022年度までの中期経営計画で目指したROE9％以上は5.9％と大幅未達に終わった。リコーの株価は過去10年1,000円前後のボックス圏で推移し，PBRは約0.7倍となっている。

　2016年以降，大量保有報告書を出し，9.9％を保有する筆頭株主になっている第一生命HDは2021〜23年度中計で，資本コストの現時点での自己認識を8％→10％と引き上げる一方，市場関連リスクを削減することなどで資本コストの低減を目指すとした。2023年4月に第一生命HDの社長に就任した菊田徹

也氏は運用畑出身で，2027年3月末までに時価総額を2.4兆円→6兆円と2.5倍にする目標を掲げた。

エフィッシモキャピタルはPBRを議決権行使基準に追加

　アクティビストはきちんとした議決権行使基準を公表していないことが多いが，エフィッシモキャピタルは発表しており，2023年11月の改訂で，PBRが1倍を下回っている場合は，経営トップである取締役の再任議案に賛成しないとの基準を追加した。日系運用会社でも議決権行使基準にPBRを入れているが，他の条件との連立方程式になっており，単純にPBR1倍で反対するという運用会社は他にない。

　エフィッシモキャピタルは次の①～③のいずれかに該当する場合も，取締役の選任議案に賛成しないとしている。①経営陣がTSR（Total Shareholders Return）の重要性を認識していると認められない場合，②取締役の指名・報酬等に係る評価基準にTSRを採用していない場合，③TSRが同業他社と比べて低迷しており，経営陣がこれに対する説明責任を果たしていないと認められる場合。

　エフィッシモキャピタルはTSRを重視する理由として，TSRは中長期的な企業価値及び資本政策を主要な要因とした指標であり，また株主の最終的な利益と厳密に整合した指標であるためと述べた。TSRは経営陣の職務執行を通じた成果とは関係のない，企業価値や資本政策以外の要因に影響されるなどの問題点が指摘されることについて，エフィッシモキャピタルは，評価に当たり観測期間や比較する同業他社等を適切に設定し，これらに関する経営陣の説明を考慮することで，こうした問題点を克服できると主張した。

　多くの日系運用会社は独立社外取締役が3分の1以上いない場合に反対する基準であるが，エフィッシモキャピタルは独立社外取締役が過半数に満たない場合，代表取締役の選任に賛成しないとしている。多くの日系運用会社が議決権行使基準に入れているROEや配当性向等の数値基準は，エフィッシモキャピタルの基準に入っていない。

3　3Dインベストメント・パートナーズは東芝，富士ソフト，サッポロHD等に投資

　3Dインベストメント・パートナーズはゴールドマンサックスや大手ヘッジファンドのチューダー等に勤務した長谷川寛家氏によって，2015年にシンガポールにて設立された。他のメンバーもゴールドマンサックス出身者が多い。

　3Dは説明資料で，「『見せかけの成長』ではなく，『豊かな価値の向上』，『一過性の成長』ではなく，『有機的・複利的・持続的成長』，『一部の人たちの利益』ではなく，『事業に参加しているみんなの利益』といった視点・志・気概を大切にして投資活動を実行し，見かけではない『真の成長』をサポートし，実現していく集団だ」とアピールした。3Dが2022年3月の富士ソフトの株主総会に行った株主提案の記述によると，長谷川氏は20年近くにわたって，クレジット，不動産，上場株式などの広範囲の投資業務を日本及びアジアで行ってきており，資産配分において豊富な経験と幅広い見識を有していて，日本の上場企業と建設的な対話を行い，コーポレートガバナンスの強化は資本効率の改善を通じた企業価値向上に寄与しているそうだ。3DのHPによると，同社のコアバリューは，全ての人に対する誠実性，自己反省を通じた強さと弱さの認識，オリジナリティへの情熱，学びによる成長，心の人間性にあるとしている。

　3Dは2023年に東京にエンゲージメント担当のオフィスを作り，三井住友DSアセットマネジメントでエンゲージメントを担当していた齋藤太氏がヘッドに就任した。3Dの東芝の取引による利益は約220億円と，同じシンガポール拠点のエフィッシモキャピタルの利益に比べれば，数分の1だったが，近年の運用パフォーマンスが良かったため，運用資産は数千億円に増えたようだ。エフィッシモキャピタル同様に，3Dの運用資金の出し手は米国のアセット・オーナーが多いようだ。

▶富士ソフトは3D提案の2人の社外取締役を受け入れたが，もう2人は拒否

　東芝を利食って以降の3Dがターゲットにしているのは，富士ソフトとサッポロHDである。

３Ｄが富士ソフトに対して最初に大量保有報告書を提出したのは2021年12月で、2022年10月に保有比率を21.5%まで引き上げた。富士ソフトは、東芝を利食った米国のファラロン・キャピタル・マネジメントも2023年に6.5%（その後8.7%に引き上げ）で大量保有報告書を出して参入した。

　３Ｄは、富士ソフトが他のソフト開発企業に比べて収益性が低いことや、保有不動産が大きすぎることを問題視した。また、創業者で5.2%の株式を保有する野澤宏相談役（81歳）とその娘婿の坂下智保社長（野村総研出身で2011年より社長）によるオーナー系企業であることから、ガバナンス問題も指摘していた。

　３Ｄは2022年３月の富士ソフトの定時株主総会で、長谷川寛家氏と鳥居敬司氏（みずほ銀行出身）の取締役選任を提案したが、否決された。2022年12月の臨時株主総会で富士ソフトは、３Ｄが提案していたひびきパースの清水雄也代表と伊藤忠商事出身の石丸慎太郎氏を社外取締役として受け入れて、会社・株主の両提案として提示する一方、３Ｄが提案していた筒井高志元ジャスダック社長と岡村宏太郎氏（JPモルガンチェース出身）を否決した。

　富士ソフトは、３Ｄの株主提案の候補者が取締役に在任している間、株式の買い増しや株主提案の制限等を定める合意を締結することを望んだものの、３Ｄと合意できなかった。３Ｄの法務アドバイザーを務める牛島信弁護士（日本コーポレートガバナンス・ネットワーク理事長）は2022年11月４日のDIAMOND onlineとのインタビューで、「富士ソフトはソフトウェアやシステムの開発会社としてのポテンシャリティーを殺し、不動産投資にのめり込んでいる。個人商店ならいいが、富士ソフトは上場会社だから、それでいいわけがない。富士ソフトが中長期的に成長するためには、不動産を処分し、そこで生まれたキャッシュを活かし、ソフトウェアやシステムのビジネスを発展させるべきだ。富士ソフトが同業他社の半分しか利益がないのは、不動産投資に使っているからだ。富士ソフトは不動産投資について尋ねても、根拠不明の数字が出てくるので透明性に欠ける。上場会社の経営者にとって、ステークホルダーを説得できる信念が重要だが、富士ソフトはそれができていない」と述べた。

　富士ソフトは2024年１月に発表した「企業価値向上策の検討状況に関するお知らせ」で、非上場化も選択肢の１つに検討していると述べた。2024年３月の

株主総会で３Ｄが行った監査役選任と自社株買いの株主提案は否決された。

▶サッポロHDはスティール・パートナーズに続いて，３Ｄの株主提案を受けた

　３Ｄは富士ソフトの不動産事業を問題視すると同時に，サッポロHDの不動産事業にも目を付けた。サッポロHDは不動産含み益が大きい一方，本業のビール事業がアサヒグループHDやキリンHDに比べて見劣りするため，2000年代にスティール・パートナーズが20％弱の株式を保有し，TOBを受けたこともあった。

　サッポロHDに対して，３Ｄは2023年３月の「サッポロHD株主の皆様へ」で，「サッポロの酒類事業は深刻なアンダーマネジメント状態にあり，そのブランド価値は毀損され続けている。サッポロの長期的な業績不振を踏まえれば，サッポロが新中計の目標を達成するためには，大幅な経営の見直しを行う必要がある」と述べた。同年４月に発表した「サッポロHDが抱える課題について」では，サッポロの企業価値向上を考えるうえで，不動産事業を保有すべきかはしがらみのない徹底的な再検証が必要だ，取締役会の監督機能が十分であるか

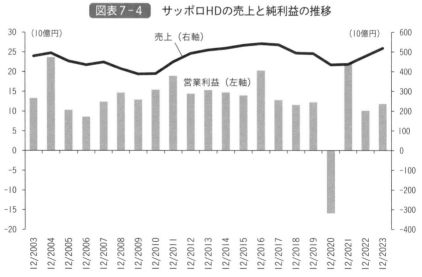

図表7-4　サッポロHDの売上と純利益の推移

出所：QUICK Astra Managerよりみずほ証券エクイティ調査部作成

について継続的な注視・検証が求められるなどと主張した。

　３Ｄが同年５月に発表した「株主への意見聴衆結果について」では，サッポロHDが企業価値を最大化するような経営をしていると考える投資家はゼロで，不動産事業のシナジーが他事業と十分に生じていると思う投資家は５％しかないことを示した。３Ｄは重要提案行為を目的に，2023年10月にサッポロHDに対して大量保有報告書を出し，2023年12月に保有比率を15.97％まで引き上げた。３Ｄのキャンペーンに加えて，不動産市況の上昇への評価もあり，2023年にサッポロHDの株価は同業のアサヒグループHDやキリンHDを大きくアウトパフォームした。サッポロHDが2024年２月の決算説明で，不動産事業の投資方針見直しとバランスシートマネジメント強化により，成長投資機会に備えた財務柔軟性を確保すると発表したことは，３Ｄのエンゲージメントの成果かもしれない。

東芝の経産省等の関与を巡る調査報告書

　東芝は原発事業の不振等を背景に債務超過に陥り，2017年にゴールドマンサックスのアドバイスに基づき，アクティビスト60社から約6,000億円調達したことが，その後のアクティビストとの確執につながった。

　東芝は2023年12月に上場廃止になったが，2021年６月に発表された「会社法第316条第２項に定める株式会社の業務及び財産の状況を調査する者による調査報告書受領のお知らせ」には，2020年７月の株主総会における会社提案の賛成と株主提案の否決を巡る東芝の経営者，経産省，アクティビスト等の攻防が描かれており，読み物として興味深いほか（日本語121ページ，英語139ページ），AIを使った不正調査，国の外為法改正への対応，会社とアクティビストとの交渉などを知るうえで有益だった。

　報告書は「東芝はエフィッシモ，３Ｄインベストメント・パートナーズ，HMC（Harvard Management Company）に対し不当な影響を与えることにより，株主提案権や議決権の行使を事実上妨げようと画策したものと認められ，株主総会が公正に運営されたものとはいえない」と結論づけた。報告書では東芝と情報を共有した経産省の担当者が，何度もエフィッシモキャピタルと３Ｄと連絡を取った内容が克明に描かれた。経産省前参与のM氏（GPIF（年金

積立金管理運用独立行政法人）の水野弘道前CIOと報道された）が株主総会前にコンタクトしたHMCが議決権を一切行使しなかったことは，Fiduciary Dutyの観点から極めて異例だったと指摘した。

エフィッシモは東芝のガバナンス体制，３ＤはTSRの低さ，HMCは自社株買いによる株主還元に関心を示していたとみられる。経産省と東芝はアクティビスト間の共同投票行為の分断を図ろうとしたが，エフィッシモが３Ｄの株主提案に議決権を行使しなかった理由は，経産省から「安全保障上重要な製品及び技術に関する事業に影響を与える可能性のある議決権行使である」旨を伝えられたためだったとみられた。報告書は，「東芝がエフィッシモを排除すべきアクティビストと決めつけて，改正外為法に絡めて排除しようという意思を有していた」と指摘した。

▶ ３Ｄインベストメント・パートナーズの東芝に対する提案

東芝が2021年６月に発表した「調査報告書」では，３Ｄインベストメント・パートナーズの企業評価の考え方が分かって興味深かった。３Ｄは東芝に対して，①絶対TSR，相対TSR，及び株価が低迷しており，現経営陣のパフォーマンスが極めて低いこと，②東芝の最大の問題点はコングロマリット・ディスカウントが生じていることにあり，その背景には資本コスト以下の低ROICの投資が活発に行われ，株主価値が毀損されているのではないかとの懸念がある，③経産省の事業再編研究会でも日本企業におけるノンコア事業の切り出しを中心とする事業再編の重要性が指摘されているにもかかわらず，東芝では積極的な取り込みが実施されていることなどの問題を指摘した，といった内容のレターを送付したという。TSRを重視し，日本企業に選択と集中を求めるのは，アクティビストだけでなく，他の外国人投資家と共通といえる。

日本の運用会社においても，三井住友DSアセットマネジメントが2022年からTSR基準を使っていたが，アセットマネジメントOneも2024年４月にTSRを議決権行使基準に加えた。

4　役員報酬のKPIにTSRを入れるアクティビストの投資対象企業

　TOPIX100企業について，2022年度の役員報酬のKPIを有報から確認してみると，営業利益が50社と最多だったが，前年比では－4社となった。逆に，ESG・サステナビリティ評価が前年比＋11の49社と2位のKPIとなり，非財務指標も同＋12の22社となった。3位のKPIは純利益の同＋1の44社だった。4位が売上の＋4の33社，ROEが＋3の31社だった。

　我々は比較対象のピアグループを明記したうえで，TSRをKPIとする企業の役員報酬制度が評価できると考えるが，TSRをKPIとする企業は＋1の21社にとどまった。ROICをKPIとする企業も＋4の15社になったが，東証の要請に従って，今後PBRを役員報酬のKPIとする企業が出てくるか注目される。

　オリンパスの業績連動型株式報酬（PSU）の評価指標は，EPS成長率20％，相対TSR40％，品質指標30％，ESG指標10％としている。日米欧の20社をピアグループと設定し，自社のTSRのランクが75％水準以上の場合200％，50％水準で100％，25％水準で50％のPSUを支給（25％水準未満の場合は支給率0％）とする。オリンパスは2023年に業績が悪化し，株価が大きく下落したが，PSUの評価期間は3年なので，竹内康雄会長の報酬は2021年度3.0億円→2022年度3.8億円と増加した。

　川崎汽船の役員報酬は，対TOPIX相対TSR及び他社TSRとの順位付けを組み合わせて，業績連動型株式報酬の係数を定める。第一生命HDは有報に，相対TSRの比較対象の内外保険会社10社を開示したうえで，相対TSRの順位（2021年度2位）を明記した点が評価される。

5　ひびきパースの投資の基本は「人のいく 裏に道あり 花の山」

　シンガポールのひびきパースはHPで，「バリュー投資の投資哲学・投資手法に根差し，顧客の利益を最上のものとして，企業と市場に向き合っている。投

資の基本的なアプローチ方法は『人のいく 裏に道あり 花の山』という相場の格言に集約される。私たちは現状の事業がどのような状態であれ，それに対して市場から過度に低く評価されてしまっていると考えられる企業に投資する。事業は好調なのに様々な理由で株式が割安に放置されたり，経営陣が株価に無頓着で株式が割安に放置されたり，特に理由もなく，安定しながらも地味な実績に日が当たらないなど，様々なケースが存在する。割安な企業の株式に関心を持ち，業界や事業を調査し，実際に訪問取材し，理解し，投資し，光をあてていくのが私たちの投資手法であり，使命だ」と述べている。

清水雄也共同代表取締役・CIOはゴールドマンサックス出身で，15年以上にわたり，ムーア・ストラテジック・バリュー・パートナーズ，あすかアセットマネジメント，ダルトン・インベストメンツ等で，不良債権，不動産，未公開株式，日本及びアジアの株式などの広範囲の投資業務に携わった。ダルトン・インベストメンツ時代には，MBOで非公開化されたサンテレホンの社外取締役を2年間務め，現在富士ソフトの社外取締役を兼任している。

➤ 投資先のエンゲージメントやディスカッションを公開

ひびきパースは中小型バリュー株に投資し，投資先企業とのエンゲージメントやディスカッションを公開している。他の投資家にも注目してもらわないと，万年割安に放置される可能性があるためと考えられる。2023年2月にイハラサイエンス，2023年5月にTBS HDとのエンゲージメントの紹介動画などをHPに掲載した。

ひびきパースは投資先企業の魅力をアピールするために，投資家とのスモールミーティングを主宰することもある。ひびきパースが2023年6月の日本高純度化学の株主総会で行った3つの株主提案は，いずれも否決された。株主提案は，①純投資目的以外の特定投資株式に関わる定款変更，②剰余金の配当方針に関わる定款変更，③株主資本コストに関わる定款変更であり，賛成率は各々22.51％，23.83％，25.60％だった。

①について，ひびきパースが政策保有株式の純資産比が約6割と高い点を指摘した一方，日本高純度化学は，「事業戦略及び取引先との事業上の関係で，取引関係強化に資する場合には，保有することに合理性があるものとして，政

策保有株式を保有する方針だ」と反論した。③についても，日本高純度化学は，「資本コストを公表したとしても，必ずしも株主・投資家との建設的な対話に資するものではない」と反論した。

　2023年10月にひびきパースが「企業価値向上施策ご提言書」とその説明動画を公開したきんでんは，2024年1月の「中期経営計画における成長投資と企業価値向上への取り組みについて」で，資本政策の見直し等を発表したことで，株価が大きく上昇して，PBRが1倍を超えた。

図表7-5　ひびきパースがHPで投資したと公開した企業

コード	会社名	発表日	発表内容
9467	アルファポリス	2024/3/10	ガバナンス改革，IR戦略，株主還元の提言
1944	きんでん	2023/10/14	企業価値向上施策の提言書を送付し，動画で配信
4973	日本高純度化学	2023/6/30	株主総会の結果を踏まえて，積極的なエンゲージメントを継続
7952	河合楽器	2023/6/27	企業価値向上施策提言書を送付し，株主総会に出席
8697	日本取引所グループ	2023/6/16	応援する意味を込めて株主となり，株主総会に出席
2975	スター・マイカHD	2023/6/14	公開書簡を送付し，真摯な回答を受領
8929	青山財産ネットワークス	2023/6/5	応援型エンゲージメントの動画を紹介
9401	TBS HD	2023/5/20	企業価値向上施策提言書を送付し，エンゲージメント動画を配信
1786	オリエンタル白石	2023/5/8	企業価値向上施策提言書を送付
7164	全国保証	2023/2/22	レターを送付し，プレゼンテーションを実施
-	イハラサイエンス	2023/2/16	MBOに関し，少数株主としての見解とし書簡を送付
3088	マツキヨココカラ＆カンパニー	2023/1/5	戦略面のIR資料開示及び配当施策について提言書を送付
3791	IGポート	2022/12/26	経営陣に対し，プレゼンテーションを実施

注：2024年3月29日時点。このリストは推奨銘柄でない
出所：会社資料よりみずほ証券エクイティ調査部作成

6　シンフォニーは村上ファンド系並みに保有比率を引き上げる

　シンガポールのシンフォニー・フィナンシャル・パートナーズは，野村證券出身の柴田一彦氏と，外資系証券出身のDavid Baran氏が共同創業者兼CEOである。運用資産は2,000億円程度とみられている。HPのトップページには"Unlocking Value, Unleashing Potential"と書かれており，割り引かれたバリュエーションで取引されている資産が豊富な日本企業の潜在力を開放することが，"Our Journey"だと述べている。企業の競争ポジション，成長見通し，潜在的なリスク等を徹底的に分析し，非常に過小評価された中小型の日本企業に大きな少数株主分を獲得するという。

　シンフォニーは，2023年度下期にアスファルト製造のニチレキの保有比率を11.7％，産業廃棄物の要興業の保有比率を24.0％，繊維の小松マテーレの保有比率を12.0％，請求書システムのインフォマートの保有比率を20.3％と各々引き上げた。インフォマートのPBRは高いが，他はPBR 1 倍割れであり，シンフォニーの投資先企業は低PBRの中小型株が多い。10％前後までしか保有比率を引き上げないアクティビストが多い中で，シンフォニーは村上ファンド系並みに保有比率を引き上げるフレンドリー・アクティビストのようだ。2019年にはシンフォニーが23.6％を保有していた介護・医療ソフトのエヌ・デーソフトウェアがMBOを発表した。

　2023年度末時点で，シンフォニーの保有比率が高い銘柄には要興業以外に，おむつ製造機の瑞光の36.2％，日本証券金融の23.1％などがあった。シンフォニーは日本証券金融に対して株主提案を行っていないが，2023年6月の株主総会で5.0％の株式を保有するストラテジックキャピタルが「大株主から行われた重要提案行為の開示に係る定款変更」の提案を行い，10.4％の賛成率で否決された。瑞光に取材したところ，シンフォニーからアクティビスト的な要求はないとのことだった。

第8章
日本のアクティビスト

1 日本におけるアクティビズムの生き字引である村上世彰氏

　日本におけるアクティビズムは村上世彰氏抜きに語ることはできない。

　村上世彰氏のアクティビストとしての考え方は，2019年5月に首都大学東京で「日本の資金循環～お金は日本経済の血液だ」との演題で行った講演や，著名漫画家である西原理恵子との共著『生涯投資家vs生涯漫画家：世界で一番カンタンな投資とお金の話』に表れている。元経産官僚だった村上世彰氏は，親の代からの投資一家に育ち，小学3年生の時に大学に入るまでの小遣いを一括前払いで貰って，最初にサッポロHDの株を買い，高校生の時に仕手化したDOWAホールディングスで儲けたという。

　その後，サッポロHDはスティール・パートナーズや3Dインベストメント・パートナーズから株主提案を受け，今もDOWA HDはシルチェスターの大量保有報告書の提出先になっているので，村上世彰氏は若い時から，アクティビストの素質があったのだろう。

生涯投資家である村上世彰氏の投資に対する考え方

　村上世彰氏は首都大学東京での講演（2019年5月）で以下のように述べた。

　　　お金が寝ていることが日本経済最大の病である。日本全体としては資金需要

がないかもしれないが，資金を循環させないと，経済は良くならない。米国と異なり，過去20年間，日本の時価総額とGDPはほとんど増えていない。銀行を除くと，日本企業全体としては無借金になっている。

　自分は老人施設を運営しているが，高齢者に蓄積している金融資産も寝ている。お金を動かすためには，金融資産課税をしてもよいだろう。自分がやった黒田電気やアコーディア・ゴルフ（ともに上場廃止）への投資の結果，資金循環が起きた。

　コーポレートガバナンス・コードができたことで，村上の言う通りだという経営者が出てきたが，コーポレートガバナンス・コードの実施を妨げているのが株式持合だ。経営者が保身をお互いにできるようにしているのが株式持合であり，その岩盤の持合比率は20数％程度ある。

　上場しているということは，株式を誰でも自由に買ってよいということを意味する。昔，昭栄（現ヒューリック）は芙蓉グループの会社しか株を買っていけないと思われていたところに，自分はTOBをかけた。日本の銀行は人が多すぎるから，収益が上がらない。銀行数が多いのに，統合も起きない。しかし，銀行の経営に介入すると，逮捕されるリスクがあるので，アクティビストは銀行を投資対象にしてはいけない。PBR0.3～0.5倍の銀行は廃業した方がよい。

村上世彰氏の運用手法に対する賛否両論

　村上世彰氏は資産を活用していない会社を見るとどうにかしたくなると言い，「日本にコーポレートガバナンスを浸透させる」というミッションの達成に向けて，日々挑戦し続けているという。村上世彰氏は，投資は8勝2敗なら御の字で，場合によっては5勝5敗でもいいという。村上世彰氏の投資手法はアセット・ストリップ（焼畑農業）との批判に対して，講演で村上世彰氏は使っていない資産を抜くだけで，使っているお金を奪うわけではないと反論した。

図表8-1　村上ファンドの経歴

年	イベント
1983	村上世彰氏が東大法学部卒業後（林芳正外相が同期），経産省に入省
1999	M&Aコンサルティングを設立
2000	昭栄（現ヒューリック）へTOBしたが，失敗
2003	東京スタイル（現TSI）に株主提案
2006	投資先の阪神電鉄が阪急HDと経営統合（現阪急阪神HD）
	村上世彰氏が証取法違反で起訴される
	村上財団を設立
	村上ファミリーがシンガポールに移住
2011	最高裁で村上世彰氏の有罪が確定
2015	証券取引等監視委員会より相場操縦の容疑で強制捜査を受けるが，その後の進展なし
2016	投資先のアコーディアが非公開化
2017	投資先の黒田電気が非公開化
2018	出光興産と昭和シェル石油の経営統合を橋渡し
2019	投資先の新明和工業が大規模な株主還元を発表
	対抗TOBを行った広済堂HDがMBOに失敗
2020	投資先の島忠がニトリHDに買収される
2021	伊藤忠商事が投資先の西松建設の筆頭株主になる
	74％の株式を取得した日本アジアグループが上場廃止になる
2022	投資先の大豊建設が麻生の子会社になる
2023	長男の村上貴輝氏が旭ダイヤモンド工業に大量保有報告を出す
	SBI HDが非上場化を目指したSBI新生銀行の株式を取得
	大量保有報告を出した焼津水産化学工業が非上場化に失敗
	投資先のコスモエネルギーHDの株式を岩谷産業が購入

出所：新聞報道よりみずほ証券エクイティ調査部作成

アクティビストは村上家の家業

　村上氏一族はシンガポール在住で，ファミリーでアクティビスト活動を行っているが，シティインデックスイレブンスなどは日本に拠点があるので，日本のアクティビストの章に掲載した。村上世彰氏は週刊ダイヤモンド2023年7月1日号のインタビューで以下のように述べた。（カッコ内は筆者補足）

- 自分が役人人生を終えて投資家になって以来，日本がこんなに景気がいいのは初めてだ。私は短期的，特にこの１～２年はこれまで私が経験したことがないような好循環で回っていくと感じている。

- 私は以前から個別の企業に株主還元をと言ってきたが企業は逃げていた。今回は東証が低PBR対策として，上場企業全体に申し伝えているので全体が変われば逃げられない。非上場に進むところがどんどん出てこよう。私自身も多くのケースで，上場している意味は何ですかと問うてきた。実際，自分の投資家人生の中で14社が上場を止めた。日本では上場を止める企業が極めて少ない。資金調達の必要もなく，株価も上がらない企業が上場し続けており，こんな国は珍しい。東証はPBR１倍割れが恥ずかしいぞと激を飛ばした。こんなに株価が安いと，上場している意味がないぞとかなり厳しいことを言った。

- 東証にきちんと株主と対話しなさいと言われて，みんながやるならやらざるを得ないという動きが見えてきている。今後，驚くような発表をする企業が増えよう。東証全体でものすごい額の株主還元が進んで，まさに「株主還元元年」になるのではないかと感じている。

- 金利上昇も期待できるし，インフレも始まっている。この２年間，銀行に割と投資をしている。日本株は大復活するだろう。私自身の投資家人生においてもかなり動きそうな時期だと見ている。しかし好循環が10年，20年続くかと言うと正直悲観的だ。日本は国力が相当衰えつつある。為替や金利は国力に比例するところがあるので，どうやってこの問題が解決できるのか。国債の発行残高は1,000兆円を超え，世界でも類を見ない金額を一体どうしていくのか。中長期で金利が上がり，日銀が買い支えされなくなった時，為替に問題が噴出し，大きな円安になりかねないと懸念している（実際にも，日銀は2024年３月にETFの買入れを停止し，４月に円の対ドルレートは約34年ぶりの安値に下落した）。

- 肝に銘じてほしいのは，「上がった時は買うな」ということだ。「上がるから買う」という感覚はだめだ。儲かった人の話を聞いて，何となく儲かるという心理になるのだろうが，結局高値つかみになる。

シティインデックスイレブンスは高収益

　村上ファンド系と呼ぶグループには，シティインデックスイレブンス，南青山不動産，レノなどの法人のほか，村上ファミリーの個人名で株主になることもある。本書ではアベノミクス開始後に，日本株投資を復活したこれらのエンティティをまとめて村上ファンド系と呼称している。

　村上氏側によると，3法人は別組織とのことだが，渋谷区の本店所在地は同じである。シティインデックスイレブンスは上場していないが，2023年4月に提出された「第17回決算公告」によると，2022年8月〜2023年2月に中堅上場企業にも相当する256億円もの経常利益をあげた（ただし，営業利益は－900万円の赤字）。シティインデックスイレブンスとレノはオリックス出身の福島啓修氏，南青山不動産は池田龍哉氏が社長を務めているが，自己資金に加えて，村上ファミリーの資金を運用していると推測される。

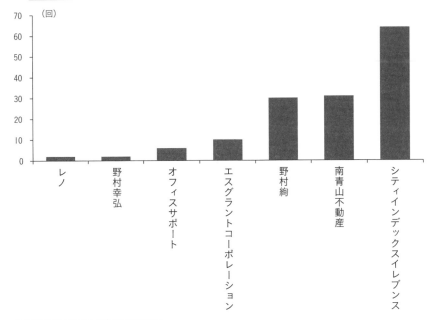

図表8-2　村上ファンドが2023年に提出した大量保有報告書への登場回数

注：共同保有の場合は内訳でカウント
出所：QUICK Astra Managerよりみずほ証券エクイティ調査部作成

コスモエネルギーHDに対する大量保有報告書の提出では，シティインデックスイレブンスと，南青山不動産，レノ，野村絢氏が共同提出者となった。シティインデックスイレブンスは投資業，経営コンサルティング，不動産の仲介及び売買，不動産賃貸業，南青山不動産は不動産等の投資，所有，賃貸，管理及び売買，投資業，経営コンサルティング，レノは有価証券の保有，運用及び投資，企業経営及び財務のコンサルティングを事業内容とすると大量保有報告書に書いてある。

長女の野村絢氏はモルガンスタンレー証券を経て，父と投資家家業を行うようになった。村上ファミリーは日本を含むアジアで不動産投資も広範囲に行っているようだ。

2　村上ファンド系は業界再編に貢献

通常アクティビストは5～10％程度の株式しか取得しないことが多いが，村上ファンド系は20％以上の株式取得を厭わないことが，事業会社にとっての脅威である。村上ファンド系は，投資リターンを上げるのを目的に投資しており，業界再編を目指してやっているわけではないだろうが，結果として，ホワイトナイトが現れて，事業会社間の資本・業務提携やM&Aにつながるケースが少なくない。

古くは，村上世彰氏が2000年に初めて敵対的TOBを行った繊維会社だった昭栄は，2012年にヒューリックと合併し，優良不動産会社になった。2006年に阪神電鉄と阪急HDが経営統合し，現在の阪急阪神HDになったのも，旧村上ファンドによる阪神電鉄の株式買い占めがきっかけだった。

経産官僚だった村上世彰氏は石油業界の再編に以前から関心を抱いていたようであり，2019年の出光興産と昭和シェル石油の経営統合の際に橋渡しをしたと報じられた。20％超まで株式を買い増したコスモエネルギーHDは，岩谷産業が保有株式を買い取ることになり，村上ファンド系は約450億円の利益を得たと推計された。

2020年に村上ファンド系が大量保有報告書を提出したホームセンターの島忠は，DCM HDとニトリHDが買収を争って，ニトリHDに買収された。

2021年に村上ファンド系が25％の株式を取得した西松建設は，伊藤忠商事が保有株式を取得して筆頭株主になることで，村上ファンド系は保有株式の短期大量譲渡を行った。村上ファンド系は西松建設への投資で約100億円の利益を得たと推計される。

　2022年に43％まで株式を買い増した大豊建設は，麻生自民党副総裁と関係のある麻生（非上場）が過半数の株式を取得し子会社にしたことで，村上ファンド系は一旦Exitしたが，大豊建設が上場を継続していることから，村上ファンド系は2023年12月に保有比率を9.5％と引き上げており，戦いが終わっていないことを示した。

　2020年に日本アジアグループがカーライルと組んでMBOを行うと発表した際に，村上ファンド系は対抗TOBを行い，74％もの株式を集めた。日本アジアグループは上場廃止基準に抵触したことで，2021年9月に上場廃止になった。その後，日本アジアグループは会社分割により（株）JAGへ事業が承継され，2023年1月に社名を（株）SOLABLEへ変更した。上場廃止後の経緯は不明だが，現在（株）SOLABLEはGreen Project Ltdが77％の株式を保有していることから，村上ファンド系はExitしたと推測される。

➤ 西松建設の取引で約100億円の利益をあげたと推計

　村上ファンド系（シティインデックスイレブンス等）は短期保有との批判を受けることがあるが，大量保有報告書を提出した銘柄で計算すると，平均保有期間が2年近くあるので，決して短期的なトレーダーではない。

　村上ファンド系が最初に西松建設に大量保有報告書を提出したのは2020年4月だったが，2021年11月に短期大量譲渡する直前には25％保有していた。西松建設は2020年2月にシティインデックスイレブンスの福島啓修代表取締役より，経営戦略や資本政策に関する面談の申し入れを受け，2020年3月に村上世彰氏，野村絢氏及びシティインデックスイレブンスとの間で企業価値向上に向けた議論を行ったという。

　西松建設は「中計2020」でROE8％以上，配当性向30％以上などとしていた目標を，村上ファンド系の投資後の2021年5月に発表した「中期経営計画2023」でROE目標を12％以上，配当性向70％以上＋3年間で200億円以上の自

社株買いに変更した。西松建設は，村上系ファンドの圧力などもあり政策保有株式を大幅に減らして株主還元を増やしたが，中計ではガバナンスの項目に，「事業運営上必要とされる銘柄のみ政策保有株式として保有し，それ以外の銘柄については特段の事情がない限り縮減」との方針が記載された。

西松建設は2021年12月に伊藤忠商事との資本業務提携を発表し，村上ファンド系は西松建設株を売り切った。村上ファンド系は約1年8カ月の保有で（大量保有報告書ベースで計算），約400億円の投資で約100億円の利益を得たと推計された。

2018年に村上ファンド系に24％の株式を保有された新明和工業も2020年3月期に総還元性向70〜80％の目標を発表したが，村上ファンド系は256億円を約1年投資して80億円の利益をあげたと推計された。

➤コスモエネルギーHDの取引で約450億円の利益をあげたと推計

村上ファンド系がコスモエネルギーHDに最初に大量保有報告書を提出したのは2022年4月の5.8％で，2023年4月に20.01％まで保有比率を引き上げた。

2023年6月のコスモエネルギーHDの株主総会で，村上ファンド系に対する買収防衛策はMoM決議を使ったうえでの会社提案が59.54％の賛成率で承認された一方，村上ファンド系が提案した社外取締役選任議案は25.93％の賛成率で否決された。約20％の株式を保有する村上ファンド系も投票できる普通決議だったら，買収防衛策は可決されていたと推測される。

村上ファンド系は株主提案の中で，「当社が現状評価されているバリュエーション（PERが約3〜6倍）と再生エネルギー事業の業界バリュエーション（PER約25倍）との比較から，当社の再生エネルギー事業子会社を上場させて，他人資本を調達・活用し，スケールする必要があることを訴えてきた。当社の株価が継続的にPBR1倍を超えていくには，本来あるべき価値で評価されていない当社の再生エネルギー事業子会社については，上場企業として株主価値の最大化を目指すことが，より高い株主価値向上につながるものと考えている」と述べた。

一方，コスモエネルギーHDは「シティらの過去の投資行動から，シティらによる大規模買付行為等の真の目的は，自らの短期的な利益のみを追求するた

め，中長期的な当社の企業価値の向上を犠牲にし，当社に過度に大規模な自社株公開買付けを実施させることによるExitにあると考えられる」と反論し，村上ファンド系の過去の投資事例として，アコーディア，黒田電気，ヨロズ，東芝機械（現芝浦機械），西松建設，大豊建設などを16ページにわたって掲載した。

　2023年12月に岩谷産業は，村上ファンド系からコスモエネルギーHDの株式を追加取得する理由として，岩谷産業はコスモエネルギーHDと以前から水素関連事業等で協力関係にあり，一層の連携を深めて新たなシナジーを創出し，両社の企業価値向上に資することを挙げた。翌営業日に岩谷産業とコスモエネルギーHDの株価は各々−4.3％，−2.2％下がった。岩谷産業は株式取得によるシナジーが十分ないとみられたうえ，取得資金1,053億円を銀行借入で賄うと発表したため，財務体質の悪化も懸念されたとみられる。コスモエネルギーHDはさらなる株主還元期待が低下したようだ。

　コスモエネルギーHDは，臨時株主総会では村上ファンド系を入れた普通決議で買収防衛策の発動に関する決議を目指していたが，村上ファンド系の株式売却により，臨時株主総会は中止された。大量保有報告書に基づく単純計算で，村上ファンド系のコスモエネルギーHDの平均購入株価は約3,500円と推計されることから，村上ファンド系は約450億円の売却益をあげたことになる。

図表8-3　コスモエネルギーHDの株主総会招集通知に記載された村上ファンド系の過去の投資

コード	投資先	年	投資内容
6670	MCJ	2012〜2013年	19.5％の株式を保有し，MCJに対して大規模買付行為に関する意向表明書を提出したが，MCJが対抗措置を執らないと公表したため，保有株式を高値圏で市場売却
上場廃止	アコーディア	2013〜2014年	PGMによる敵対的TOBを受けていたアコーディアの株式を約35％まで買い集めて，臨時株主総会の招集請求等を行い，自社株TOBにより高値で買い取らせ，大規模な株主還元を引き出した
上場廃止	黒田電気	2015〜2018年	38％の株式を買い集めた黒田電気に対して，社外取締役選任を求める株主提案を行い，黒田電気はファンドによるTOB受入れを発表。村上ファンド系は全株式を売却し，約84億円の利益を得た

8150	三信電気	2015〜2021年	市場において約38％の株式を買い集めて，三信電気のプレミアム付き高値での自社株TOBに応募し，多額の税務メリットを得た
3284	フージャースHD	2018〜2021年	市場において37.6％の株式を買い集めて，フージャースの大規模な自社株TOBに応募して，多額の税務メリットを得た
上場廃止	エクセル	2019〜2020年	39.9％の株式を取得し，社外取締役を送り込んだエクセルは，その就任後約5カ月余りで，事業を解体する形で加賀電子と経営統合
6104	東芝機械（現芝浦機械）	2019〜2020年	12.8％の株式を取得した東芝機械に対して，TOBを開始し，大規模な自社株買いを求めたが，東芝機械は拒否，株主総会で買収防衛策を成立させた
8848	レオパレス21	2019〜2020年	14.5％の株式を取得したレオパレス21に対して，取締役選解任を求める臨時株主総会の招集請求を行ったが否決
7294	ヨロズ	2019〜2021年	複数回にわたり，自社株買いを含む株主還元の実施を求める書簡を送付し，買収防衛策の廃止等の権限を株主総会に付与する旨の定款変更を議案とする株主提案を行ったが否決
1820	西松建設	2021年	市場において22.8％の株式を買い集めて，保有資産売却等による大規模な自社株買いを提案し，西松建設は自社株買いTOBの実施，伊藤忠商事との資本業務系を発表し，全保有株式を売却
1822	大豊建設	2020〜2022年	大豊建設の株式及び新株予約権付社債券を市場で41.7％まで買い集め，大豊建設は麻生の連結子会社となり，自社株買いTOBで全保有株式を売却

注：公表情報・報道情報に基づく。2023年6月6日発表。このリストは推奨銘柄でない
出所：コスモエネルギーHD株主総会参考書類よりみずほ証券エクイティ調査部作成

➤ヨロズに長期投資

　村上ファンド系との闘いは長期に及ぶことがある。

　ヨロズへの投資は10年以上に達する。村上世彰氏は自動車部品のヨロズが2014年に実質無借金だったのにもかかわらず，約70億円の公募増資を行ったことに「けしからん」として投資し，一時12％超を保有した後，2016年3月に5％以下に減らした。

　村上ファンド系は2019年5月に再び5％超保有し，買収防衛策の廃止，持合解消，自社株買いなどを求めた。ヨロズは2021年1月の臨時株主総会で買収防

衛策の定款変更を否決したが，村上ファンド系は2021年2月に保有比率を11.6％まで引き上げた。

ヨロズは2023年6月に発表した「企業価値向上によるPBR改善に向けた取り組みに関するお知らせ」で，「PBR1倍割れ（2023年9月5日時点でPBRは0.4倍割れ）の大きな要因として，低迷するROEを意識しており，2021年5月に発表した中期経営計画で，2023年度営業利益率5％，ROE8％を目標に取り組んでいる。必要と考えられる自己資本比率40〜50％を維持しつつ，財務健全性やレバレッジを考慮した資金調達により，資本コストの抑制を図る。政策保有株式も2015年の保有銘柄数36銘柄から，現在21銘柄と縮減を図った」と述べた。

➤ 地銀株への投資は限定的

東洋経済オンライン2022年6月24日号は，「地銀の大株主に出現『村上系ファンド』の腹づもり：株価がまるで冴えない地銀に示した3つの選択肢」との記事で，「村上ファンドが，滋賀銀行の株主総会招集通知で1.67％を保有する第9位の大株主になったことが判明した。八十二銀行でも1.36％を保有する13位の大株主，秋田銀行でも0.94％保有する13位の株主，東京きらぼしFGで保有比率は1％の12位の株主になった」と報じた。有価証券報告書には10位までの株主しか掲載されないが，11位以下の株主順位は東洋経済のアンケートベースの独自調査だと思われた。

この報道の前に，村上ファンド系は山梨中央銀行でも1.9％を保有する7位の株主であることが株主総会招集通知で判明し，山梨中央銀行の株価が大きく上昇していた。村上世彰氏は以前，銀行株は政治的にSensitiveなので投資しないと述べていたが，方針が変わったように思われた。しかし，滋賀銀行と山梨中央銀行の2023年6月の株主総会招集通知の大株主欄から村上ファンド系は消えていた。2023年は地銀株が大きく上昇した年だったので，地銀株を売却したことは機会損失だったとみられるが，村上ファンド系はコスモエネルギーHD等の投資で大きな利益をあげたので，問題はないのだろう。

村上ファンド系はSBI新生銀行が2023年9月に上場廃止になる直前に約560億円投資した。村上世彰氏とSBI HDの北尾吉孝会長兼社長は2000年代に対立

関係にあったとみられたが，北尾会長兼社長は2023年11月の決算説明会で，「村上世彰氏のSBI新生銀行への投資によって，当社は浮いた資金で半導体事業への投資額を500億円から1,000億円へ増やすことができた。村上世彰氏とは2回面会し，SBI新生銀行の経営に知恵を出すようにお願いした。村上世彰氏とは敵対関係にはなく，投資を歓迎したい」と語った。

村上ファンド系は2023年度業績予想の赤字転落で，2024年2月に株価が急落したあおぞら銀行の8.9％の株式を取得して，筆頭株主に躍り出た。「東洋経済オンライン」2024年3月9号は，「村上ファンド　あおぞら銀行に触手を伸ばす意図」との記事で，SBI新生銀行との再編狙いではないかと指摘した。

村上ファンド系の慈善活動

最近，村上ファミリーは村上財団を通じた慈善活動を強化しており，SNSを通じて積極的にアピールしている。村上財団のHPには，「資金は血液と同じく，循環しなければ意味がない」との創設者の村上世彰氏の言葉が最初に掲載されている。

長女の村上絢氏がアクティビスト活動に忙しくなっているため，財団の代表理事は次女の村上フレンツェル玲氏に代わった。村上フレンツェル玲氏が「あらゆる分野において女性が活躍できる社会を実現したい」と述べた通り，村上財団は女性議員の育成のための「パブリックリーダー塾」を開催している。2023年6月に自民党が「女性議員の育成，登用に関する基本計画」で，今後10年間で女性国会議員の割合を現在の12％から30％に引き上げる目標を掲げたことに対して，村上財団は本目標を達成するためには，女性議員を70名増やす必要があるとツイートした。同塾で6月に締め切った第2期生には，定員20名に対して200名以上が応募した。同塾では，野田聖子前女性活躍担当相や元ゴールドマンサックスのキャシー松井氏など，錚々たる方々が講演した。

村上財団は若者への金融リテラシー教育のための資金もつぎ込んでおり，中学・高校生に1人当たり10万円を渡して株式投資を体験してもらうプログラムには3,000人以上が応募し，500人超が株式投資をしている。村上財団は，村上ファミリーが運営している複数の投資会社からの利益で運営しており，使われなかった資金は財団に貯め込まず，投資会社で再投資される。

3 ストラテジックキャピタルは日本唯一の アクティビスト・ファンドか？

　ストラテジックキャピタルは旧村上ファンドのNo.2だった野村證券出身の丸木強氏によって2012年9月に創設された。丸木強氏は村上世彰氏と中学・高校の同級生であり，丸木氏が野村證券から経済産業省に出向した時，当時経産官僚だった村上氏と再会したという。

　東京大学法学部卒である丸木強氏は，東京大学や早稲田大学でコーポレートガバナンスに関する講演も行った。

　日本在住のファンドは，自らをアクティビストと呼ばれることを嫌がるファンドが多く，エンゲージメント・ファンドやスチュワードシップ・ファンドなどの呼称を使いたがるが，ストラテジックキャピタルは日本唯一のアクティビスト・ファンドかもしれない。ストラテジックキャピタルの運用資産は数百億円規模と推測される。ストラテジックキャピタルはX（旧ツイッター）で，「数百億円を運用するアクティビスト/モノ言う株主の機関投資家です」と書き，「真面目なアクティビストしか知らないこと。知ってほしいこと」の情報発信を行っていたが，2024年1月にアカウントが乗っ取られるリスクもあるとして，「フォロワーの皆様とは，株主総会の場でお会いできることを楽しみにしております」と述べ閉鎖した。

ストラテジックキャピタルの日本株式市場の考え方

　丸木強氏の日本企業の経営や株式市場への考え方は，同氏が2024年5月に上梓した「『モノ言う株主』の株式市場原論」を参照されたい。

　ストラテジックキャピタルは，日本にはその価値が株価に具現化していない上場企業が数多く存在していると考えて（特に中小型株は割安），主に安定的な事業キャッシュフローがあり，経営とコーポレートガバナンスに改善余地がある企業に投資する。

　ストラテジックキャピタルは，非効率，独善的または株主価値に無関心な経営者に対して，アクティビスト運用が有効だと考えている。日本企業は，現預

金その他保有資産をもっと効率的に使い，株主価値の向上を図るべきだと考えている。企業に対するアプローチは，相手先の対応に応じて，友好的な手法を採用する時もあるし，法令上の様々な株主権を行使することもあり得る。

ストラテジックキャピタルは，投資先企業の経営者に株主の立場から提案し，コーポレートガバナンスやバランスシートを改善し，資産を有効活用するように働きかけ，株主価値の増大を図るとしている。①コーポレートガバナンスの改善では，経営者に株主価値の重要性を根気強く説明し，②非効率な資産，非中核事業・関係会社の売却などを求め，③株主価値増大のための資産の効率的活用を求める。

ストラテジックキャピタルの株主提案が成立したことはない

ストラテジックキャピタルのHPには，過去の株主提案が時系列に掲載されており，ストラテジックキャピタルの主張と会社側の反論等が分かり，ストラテジックキャピタルのアクティビスト活動を振り返るのに役立つ。

ストラテジックキャピタルは大量保有報告書を提出したうえ，同じ企業に対して毎年粘り強く株主提案を行う。提案内容は持合解消，剰余金処分，役員報酬の個別開示，ガバナンス構造の改善などが多い。ストラテジックキャピタルの株主提案は成立したことはないが，投資先企業は株主還元増加などで，ストラテジックキャピタルの要求に暗に応えることが多いため，運用パフォーマンスは良いようだ。

2014〜2016年にストラテジックキャピタルから3年連続で株主提案を受けた日本デジタル研究所は上場廃止になった一方，アイネスは自主的な遊休資産の売却等により，株主還元を増やす会社に変わった。2004年に投資した宝印刷は，社長との面談の後，中期経営計画の公表や大幅増配を行った。一方，大和冷機工業など社長が面談を拒否し，ストラテジックキャピタルの株主提案が全く響かなかった会社もあった。

▶ストラテジックキャピタルの株主提案先

自動車部品のタチエスに対しては，2023年6月の株主総会で，前年に続いて，政策保有株式に係る定款変更，トヨタ紡織株の現物配当，剰余金処分の株主提

案を行ったが、賛成率は各々25.16％，23.76％，33.38％だった。政策保有株式に係る定款変更の賛成率は2022年の22.7％より若干上昇した。タチエスは，「現中計開始以来の2年間（2021年4月〜2023年3月）で7銘柄の全株式を売却し，政策保有株式残高の純資産比が11.1％→7.2％と低下した」と反論していた。

　ストラテジックキャピタルは極東開発工業に対しても2年連続で株主提案を行い，剰余金処分に関する提案への賛成率は18.5％→24.41％，政策保有株式に係る定款変更の賛成率は11.1％→19.12％と上昇した。ストラテジックキャピタルは，「極東開発工業の自己資本比率が73％と高く，ROEが低迷し，株価が過去20年近くPBR1倍未満である問題」を指摘し，純利益の全てまたはDOE8％のいずれか大きい方を配当金とする提案を行ったが，極東開発工業は2022年度からの中計で総還元性向50％の目標を掲げ，2023年3月期の総還元性向は約130％に達すると反論した。

　ストラテジックキャピタルは，2年連続で株主提案を行った日本証券金融の櫛田誠希社長が「株価は将来CFを資本コストで割り引いたもので，ROEや純資産は何の関係もない」，「ROE（2022年度実績は4.4％）のEに時価総額を使えば当社のROEは高い」などと発言したことが誤りだと指摘していた。2023年6月の株主総会でストラテジックキャピタルが日本証券金融に対して行った株主提案のうち，賛成率が高かった提案が社長の報酬開示の23.4％だった一方，執行役会長の廃止の提案は10.4％と低かった。

　2022年まで4年連続で株主提案を行った世紀東急工業は，2023年5月に，配当性向100％＆DOE8％を目標とした株主還元方針の変更等を発表したため，株主提案を行わなかった。世紀東急工業はHPに掲載した資本コストを意識した経営で，株主資本コスト7.2％＆WACC6.5％を前提に，ROEを2023年度8.6％→2030年度10％程度を目指すとしている。世紀東急工業の配当政策の見直し発表後，株価は約1.5倍に上昇し，ストラテジックキャピタルは2023年8月に保有比率を5％未満に引き下げた。

　ストラテジックキャピタルは2024年5〜6月の株主総会で，過去最多となる9社に対して株主提案を行った。

図表8-4　ストラテジックキャピタルの株主提案先

コード	会社名	直近保有比率(%)	2014	2015	2016	2017	2018	2019	2020	2021	2022	2023	2023年株主総会の賛成率(%)
MBO	日本デジタル研究所	-	○	○	○								
9742	アイネス	-	○										
6459	大和冷機工業	-	○										
完全子会社化													
1952	新日本空調	-			○	○							
	図書印刷	-			○	○	○						
8014	蝶理	-			○	○	○		○				
8057	内田洋行	-				○							
6333	帝国電機	-				○							
1852	浅沼組	-						○	○				
1898	世紀東急工業	4.99						○	○	○	○		
8093	極東貿易	3.75						○	○	○			
5208	有沢製作所	11.58								○			
3402	東レ	-							○				
8818	京阪神ビルディング	4.87							○				
5930	文化シヤッター	6.50								○	○	○	11.45~30.31
8125	ワキタ	9.01								○		○	14.73~26.87
8511	日本証券金融	5.04									○	○	10.41~23.44
7239	タチエス	4.46									○	○	23.76~33.38
7226	極東開発工業	6.69									○	○	16.10~30.09
3205	ダイドーリミテッド	17.49										○	不受理
株主提案社数			3	1	5	5	3	4	7	6	6	6	

注：2014年以降～2023年6月30日の株主提案を表示。直近保有比率は2024年1月21日時点。このリストは推奨銘柄でない

出所：会社発表よりみずほ証券エクイティ調査部作成

4　アクティビスト活動の代理業務を行うとしているナナホシマネジメント

　ストラテジックキャピタルに勤務したことがある松橋理氏が創業したナナホシマネジメントは，同社のHPによると，日本におけるアクティビスト活動の代理業務も行うとしている。「我々はアクティビスト戦略を通じて，本質的な価値を解放すると主張し，①日本ではアクティビストが嫌われているので，ハード・エンゲージメントは評判リスクを伴う，②英語ができない経営者を教育するのは難しい，③アクティビズムにフォーカスしたエンゲージメントを行うには経営資源に限界があるなどを列挙し，"Our Activist Campaign Outsourcing　Service"が問題解決を手助けすることができる」とアピールしている。

　ナナホシマネジメントは，スタンダード市場上場の焼津水産化学工業に対して，2023年6月の株主総会で初めて株主提案を行った。剰余金の処分（DOE10％），松橋理氏の取締役選任，剰余金の処分に係る定款一部変更，気候変動リスク対応に関する定款一部変更，買収防衛策の廃止の提案に対する賛成率は，各々25.5％，21.0％，27.0％，21.6％，33.4％だった。株主総会当日に，焼津水産化学工業は買収防衛策における特別委員会委員の一部変更を発表した。

　2023年8月に焼津水産化学工業は，投資会社YJ HDによるTOBに賛同を表明し，同日に通期利益予想の大幅下方修正も発表した。2023年9月に村上ファンド系と3Dインベストメント・パートナーズが大量保有報告書を提出した。焼津水産化学工業の株価は2023年5月末の安値から1.6倍以上に上昇したが，PBRが約0.7倍にとどまっていたことから，両アクティビストはPBR1倍を大きく下回る価格での非上場化はあり得ないと思ったのかもしれない。

　焼津水産化学工業は持合比率が低い一方，個人持株比率が高かったため，アクティビストが株式を集めやすかったようだ。焼津水産化学工業はTOB期間を延長したが，応募が買付予定数の下限に達せず不成立に終わった。焼津水産化学工業は2024年3月にいなば食品によるTOBが成立したが，TOB価格は1,438円と，YJ HDによるTOB価格の1,137円を大きく上回った。ナナホシマネ

ジメントは2024年に入り，PBR0.7倍のわかもと製薬に対して，定款一部変更の株主提案を行った。

5　東洋建設へのTOBを取り下げたYFO

　"Yamauchi-No.10 Family Office（YFO）"は，任天堂の創業家の故・山内溥元社長（2013年に死去）の孫の山内万丈氏が2020年に創業したファンドである。2022年6月25日の週刊東洋経済で，YFOの運用資産は1,000億円程度と報じられた。YFOは，山内万丈氏の幼馴染でゴールドマンサックス出身の村上皓亮氏がCIOを務める。

　YFOのHPによると，理念は「挑戦という名の旅を一歩ずつひたむきに進んでいく」ことであり，投資実績として，宇宙ゴミの除去事業を行う"Astroscale"や代替肉生産の"Nature's Fynd"などを挙げていた。YFOは米国フレンドリー・アクティビストのTaiyo Pacific Partnersの株式の過半数を同ファンドの創業者のブライアン・ヘイウッド氏等から取得したが，純投資であり，Taiyo Pacific Partnersの経営に大きな変化は起きなかった。

　2022年3月のインフロニアHDによる東洋建設に対する770円でのTOBに対抗して，YFOは，1,000円でTOBを提案した。建設業の経験がないYFOが東洋建設をどのように経営するのかは疑念が呈された。東洋建設の2023年6月の株主総会で，YFOが提案した取締役9人の取締役候補のうち7人が可決された。一方，会社提案の取締役は11人のうち5人が否決されたため，YFOが提案した取締役が過半数になった。YFOは28.5％の株式を保有していたため，21.5％以上の他の株主の賛同を得た計算になる。YFOはTOB価格を2023年9月に1,255円に引き上げたが，東洋建設のTOB提案への反対姿勢は変わらなかった。YFOは2023年12月に，東洋建設に対するTOB提案を取り下げると発表した。

　ビジネス総合誌FACTA2024年2月号は，インフロニアHDは2023年12月に日本風力開発を2,000億円強で買収したので，東洋建設を買収する余力がなくなったと指摘した。YFOが送り込んだ取締役も，YFOによるTOBに反対したことに関して，FACTAは「株主総会以前にYFOと取締役役候補との買収方針に関するすり合わせが足りなかったがゆえの失態」と報じた。

YFOがTOBを取り下げたにもかかわらず，東洋建設の株価がYFOのTOB価格を上回って推移していることの理由として，2024年1月17日の日経はガバナンス改善の期待を挙げた。2023年12月20日に東洋建設は，取締役会の議長と業務執行機関の意思決定者の分離，取締役会の過半数を独立社外取締役とすることなどを骨子とする「コーポレートガバナンス体制の強化」を発表していた。

図表8-5 東洋建設の株価とYFOの持株比率の推移

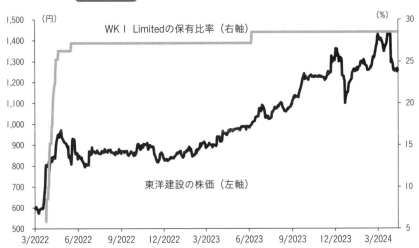

注：2024年4月12日時点。共同保有の代表はWK I Limited
出所：QUICK Astra Manager，ブルームバーグよりみずほ証券エクイティ調査部作成

6　マネックスグループは公募投信の「アクティビスト・ファンド」を運用

　ほとんどのアクティビスト・ファンドはヘッジファンド形態を取るが，マネックスグループは2020年6月から公募投信の「マネックス・アクティビスト・ファンド」を運用している。
　ファンドの特色として，①株式の組入対象は，潜在的企業価値に対して株価が著しく安価に放置された企業を中心とする，②対象企業に対しては，目的を持ったエンゲージメント（対話）や提案を行い，企業価値と株主価値の中長期

的な向上を目指す，③投資効率も勘案のうえ，複数年にわたって投資・エンゲージメント（対話）を実施するとしている。

「マネックス・アクティビスト・ファンド」を運用するカタリスト投資顧問は，マネックスグループの松本大会長が会長を務め，アライアンス・バーンスタイン出身の平野太郎氏とさわかみ投信出身の草刈貴弘氏が共同社長を務めている。JPモルガン証券やメリルリンチ日本証券等でチーフエコノミストを務めたイェスパー・コール氏がグローバル・アンバサダー・投資助言委員会メンバーであり，同投信を紹介する個人投資家向けのセミナー等で活躍している。

松本会長は上場企業に資本コストや株価を意識した経営を求めた東証の「市場区分の見直しに関するフォローアップ会議」のメンバーで，2022年7月の初回会合で「日本の上場企業の平均PBRが低い理由は，株主の権利を守っていないからだ。株主が会社を買収して精算できれば，労働債権等を控除しても，PBR0.8倍程度では精算できると思われ，裁定が効き，PBR0.5以下で放置されるとは思えない。公開市場の設計には，株主の視点をもっと多く取り入れるべきだ」との意見書を提出した。東証の施策は「マネックス・アクティビスト・ファンド」の追い風になると期待された。

「モノ言う株主」が当たり前の時代になったか？

松本大会長はHPの「ファンドにかける想い」で，「『モノ言う株主』が当たり前の時代へ＝『アクティビスト』の実現」だと語った。「マネックス・アクティビスト・ファンド」の純資産は設定当初は右肩上がりで増えたが，2022年以降150億円前後で横ばいに推移している。

エンゲージメントが中長期に及ぶ一方，公募投信はいつ解約が来るか分からないため，「マネックス・アクティビスト・ファンド」は多めに現金を保有しているようだ。2023年末時点で設定以来のパフォーマンスは＋53％である。上位5組入銘柄は3カ月遅れの開示になっており，2023年9月末時点で大日本印刷，IHI，大正製薬HD，オルガノ，TBS HDだった。

2023年11月にMBOを発表した大正製薬HDは同投信の組入銘柄だったため，2023年12月に「長期的な視点を持って重要投資先である大正製薬HDへのエンゲージメント活動を行ってきた。しかしながら，PBR0.85倍というMBO価格

での市場からの退場は，少数株主を軽視した判断であると考える。MBOにおいて少数株主保護のための最後の砦である特別委員会が適切に機能しなかったのではないかと疑念する」との意見表明を行った。

　マネックス証券が2024年2月12日に個人投資家向けに開催した「マネックス・アクティビスト・フォーラム2024」には，オアシスのセス・フィッシャーCIOも登壇したほか，カタリスト投資顧問が大日本印刷や大正製薬HD等への投資成果を説明した。カタリスト投資顧問は2024年5〜6月の株主総会で大日本印刷，しまむら，住友電設〜株主提案を行い，2024年5月9日の日本経済新聞に「資本市場を通じて日本を変革する」との広告を出した。

図表 8-6　マネックス・アクティビスト・ファンドの基準価格と純資産の推移

注：2024年4月12日時点
出所：ブルームバーグよりみずほ証券エクイティ調査部作成

7　日系運用会社による株主提案

　アクティビストとは呼べないが，独立系の日系運用会社は株主提案を行うことがある。
　様々なファンドのプラットフォームになっているUMJ（ユナイテッド・マ

ネージャーズ・ジャパン）は，2023年6月の株主総会で厨房機器のマルゼンに対して，配当性向を30％→100％以上に高め，ROEを改善する必要があるとして，剰余金処分の株主提案を行ったが，賛成率23.03％で否決された。

ヴァレックス・パートナーズは医療機器のテクノメディカに対して，自己資本比率が85％と高く，ROEが低下傾向にあるとして，配当性向100％以上にする株主提案を行ったが，賛成率41.36％で否決された。ヴァレックス・パートナーズは中小型株に投資する独立系運用会社で，UMJをプラットフォームとして使うこともある。ヴァレックス・パートナーズの安治郎代表取締役は，AVIのNC HDへの株主提案で社外取締役候補になった。

タワー投資顧問（TK1）は2023年6月の株主総会で，マンション販売の日神グループHDに対して自己株式取得の株主提案を行ったが，賛成率24.22％で否決された。

タワー投資顧問は2023年3月株主総会でも，ゴルフクラブ等を生産する遠藤製作所に対して剰余金処分と自己株式取得の株主提案を行ったが，24％台の賛成率で否決された。

宝飾品製造卸のナガホリは2023年3月の株主総会で，10％近い株式を保有する事業会社のリ・ジェネレーションから取締役選解任の提案を受けたが，賛成率が20～22％台で否決した。ナガホリは子会社従業員による複数の不正事件が発覚していたため，リ・ジェネレーションは取締役の責任を追及していた。リ・ジェネレーションは臨時株主総会での提案が否決された後も，諦めない姿勢を示している。

建設コンサルのトライアイズは，UGSアセットマネジメント（赤坂本社）による取締役の報酬減額と取締役選任の株主提案を否決したが，賛成率は各々48.6％，47.3％とぎりぎりの否決だった。UGSアセットマネジメントのトライアイズの保有比率は10.1％だったため，他の投資家の賛成率が高かったことを示唆する。

8　光通信はアクティビストにならず

光通信は2024年に入っても積極的に大量保有報告書を出している。

1月に中古車流通のオートサーバー，共和電業に新規に大量保有報告書を提出し，電子カルテのCE HDの保有比率を19.99％→21％，ビル用ゴンドラのサンセイを16.5％→17.5％と引き上げた一方，世紀東急工業を5.3％→4.2％と引き下げた。光通信が世紀東急工業に大量保有報告書を提出したのは2019年で，同社は2019〜2022年に4年連続ストラテジックキャピタルから株主提案を受け，2021・2022年度とも総還元性向100％以上の株主還元を実施し，2023年度中計を修正して配当性向100％，DOE8％の目標やROE10％の早期達成を掲げたことで，株価が大きく上昇したため，光通信とストラテジックキャピタルは保有比率を5％未満に引き下げたとみられる。

　私は前書『アクティビストの衝撃』で「光通信はアクティビスト化するのか？」とのセクションを設けたが，光通信がアクティビスト化することはなかった。光通信は2023年度中間決算参考資料で，ジェレミー・シーゲル教授の著書「株式投資」を引用しながら，余剰資金の運用方法として株式の長期投資が適切だと述べた。光通信は同社の株式投資の特徴として，①投資対象の捉え方はビジネスであり，市場動向をみて判断しているのではない，②無期限で付き合いたい企業を部分的に所有する，③事業会社として連結子会社化として運営することもあるが，連結子会社化や持分法関連会社にすることを見据えて株式投資を行っているのでない（2023年9月末時点の上場会社の持分法適用関連会社数は27社），④流動性が低くても投資する〜スタンダード市場の時価総額数十億円の企業にも多く投資，⑤時価に影響を受けないEarnings Yield（＝持分営業利益÷投資簿価）に着目することを挙げた。上場株式投資方針・考え方（原則）として，①純投資〜大量保有報告書の目的にも重要提案行為ではなく，純投資と記載，②安定〜キャッシュフローが良い，ストック事業，強固な財務基盤など安定した会社に投資，③株式を買うということはその会社のビジネスの一部を保有するものと考える，④投資先企業と良好な関係を目指すことを挙げた。

　光通信の創業者で筆頭株主でもある重田康光会長はロー・プロファイルを維持しているが，株式投資を行いながら事業会社を経営するという観点において，重田会長は日本のウォーレン・バフェット氏になることを目指しているとも言われる。

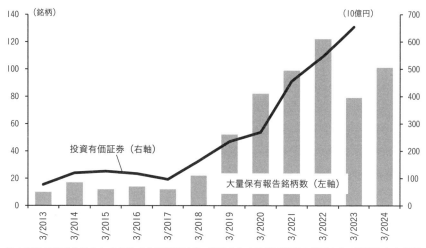

注：光通信株式会社もしくは株式会社光通信が，単独もしくは共同保有の代表として提出した大量保有報告の銘柄数。投資有価証券残高は有報記載の投資有価証券
出所：QUICK Astra Managerよりみずほ証券エクイティ調査部作成

9 個人も「モノ言う株主」の時代か？

　2024年1月16日の日経スクランブルは，個人投資家のサマンコー氏（ハンドルネーム）が，豊田自動織機の上場子会社のアイチコーポレーションの経営陣や社外取締役に対して，アイチコーポレーションの豊田自動織機への預け金を問題視する手紙を送ったと報じた。

　2023年3月決算企業の株主総会で，個人からとみられる株主提案を受けた企業は29社と，提案を受けた企業全体に占める比率は32％となった。例年，関西電力など電力会社には，個人株主から環境関連の株主提案が多数提出される。会社のOBとみられる内部情報に精通した個人株主からの提案もある。

　2023年6月の株主総会では，百五銀行（三重県）に対して，個人株主1名が自己株式取得の提案を行った理由として，「東証のフォローアップ会議はPBR1倍以下の企業に改善計画を要請している。時価総額1,000億円以上でPBR0.5倍未満は7％しかない中，百五銀行はPBR0.23倍と著しく，市場から評価されていないので，取締役会は猛省すべきだ」と指摘したが，賛成率は21.95％だっ

た。

いよぎんHD（愛媛県）に対しては，不祥事の責任や役員の兼任等を問題視する株主提案が個人株主１名から行われたが，否決された。

東海東京FGに対して個人株主１名は，「PBR１倍割れを解消するため，毎年株主還元策を打ち出し，その結果を東証と株主に公表する定款の新設」を提案したが，賛成率は8.1％だった。

2022年６月の株主総会ではフューチャーベンチャーキャピタルで，個人投資家の金武偉氏及び同氏の個人所有会社が提案した５人の取締役選任議案が全員選任された一方，会社提案の７人の取締役選任議案が全員否決されて金武偉氏は社長に就任したが，翌2023年６月の株主総会で金武偉氏は解任された。金武偉氏はプロキシーファイトで，SNSなどを通じて個人投資家へのアピールをしたようだ。

外国人経営者の企業になった武田薬品工業では，OBが中心となり「武田薬品の将来を考える会」を作り，株主提案や株主総会での質問等を行ってきたが，奏功していない。日本人を代表する個人の「モノ言う株主」といえば村上世彰氏だろうが，資金力の小さい個人投資家が株主提案で影響力を発揮するのはまだ難しい情勢だ。

個人アクティビストの田端信太郎氏は，「愛と誠　経営者へのリスペクトを忘れない」と言い，You Tubeで株価が下落基調のメルカリに対して米国事業からの撤退等の提案を行っている。

第9章

米国のアクティビスト

1　ダルトン・インベストメンツの運用資産は36億ドル

　英国のNAVFは，米国のダルトン・インベストメンツ共同創業者のジェームズ・ローゼンワルド氏がローンチした上場投信である。

　ダルトン・インベストメンツはHPで，アジア，新興市場，グローバル株式に強みを持つディシプリンがあり，オポチュニティクなグローバルな運用会社だと説明している。ロサンゼルスに本社があり，ラスベガス，ニューヨーク，東京，香港，シドニー，ムンバイにオフィスがある。2023年3月末時点の運用資産は26億ドル（約3,900億円）で，ロングオンリーのみならず，ロング・ショート戦略も運用している。

　日本株はロングオンリー戦略と集中株式戦略がある。2014年から日本のダルトン・アドバイザリー株式会社代表取締役である林史朗氏は，JPモルガン証券やスパークス・グループに勤めた経験がある。林史朗代表取締役は天馬の非業務執行取締役やプレステージ・インターナショナルの社外取締役を務めるなど，企業に寄り沿うアクティビストだった。2024年に入ってNAVFとダルトン・インベストメンツはフジ・メディア・HD，リンナイ，ホギメディカル等で共同保有報告書を出しており，両ファンドが一体として運用されていることを示唆した。

ダルトン・インベストメンツは2000年代半ばから日本株に投資

　2000年代に日本市場で隆盛を誇ったスティール・パートナーズは日本市場からいなくなったが，ダルトン・インベストメンツは2000年代半ばから，現在に至るまで日本株に投資し続けている。

　2004年に約５％の株式を保有した帝国臓器製薬（現あすか製薬HD）にMBOを提案し，2005年の臨時株主総会では，グレラン製薬との合併比率が帝国臓器製薬の株主に不利だとして合併に反対したが，反対票が7.4％しか集まらず，合併案は承認された。

　2006年にはサンテレホンにTOBを仕掛けて４割弱の株式を集め，サンテレホンをMBOに追い込むのに成功した。その後，ダルトン・インベストメンツはベインキャピタルと日本産業パートナーズによるMBOに応じてサンテレホンの株式を売却し，サンテレホンは上場廃止になった。

　また，2007年にエレベーターのフジテック株の約15％を取得し，赤字だった欧州事業の売却やMEBO（経営陣と従業員による買収）を提案したが，フジテックは提案を拒否し，株主総会で買収防衛策を可決するなどして逃げ切った。ダルトン・インベストメンツは2008年にフジテック株を米国のユナイテッド・テクノロジーズに売却して，フジテックへの投資から撤退した。

　その後はリーマンショックもあり，ダルトン・インベストメンツはしばらく日本株投資で音沙汰がなかったが，2013年頃から再び活発化した。

▶新生銀行に対する株主提案は否決

　2019年６月の新生銀行の株主総会で，ダルトン・インベストメンツは大量保有報告書は提出しなかったが，議決権300個以上を半年以上前から自己名義で保有する株主だとして，共同創業者のジェームズ・ローゼンワルド氏を取締役にすることを求める株主提案を行った。しかし，株主全体の賛成率が16.6％にとどまり，この株主提案に投票した機関投資家33社のうち賛成したのはキャピタルグループとラッセルインベストメント２社のみだった。

　新生銀行は2019年５月の「株主提案に対する取締役会意見」で，「会社提案の選任候補者は７人中６人が会社経営の経験を持ち，金融に専門性を持つ選任候補者も５人いることから，ダルトン社が提案するローゼンワルド氏が持って

いる知見の領域については，全て会社提案の選任候補者で既に高い水準でカバーできている」として株主提案に反対していた。

　ダルトン・インベストメンツは新生銀行の消費者金融中心のビジネスモデルを評価し，中長期的に公的資金返済は十分可能で，株主還元余地もあると考えたようだ。その後，新生銀行はSBI HDに買収されて，2023年9月に上場廃止になった。

ダルトン・インベストメンツは東証の低PBR対策を株主提案の理由に挙げた

　ダルトン・インベストメンツは，2022年までは株主提案を行わなかったが，東証の低PBR対策を受けて，アグレッシブなアプローチに変えたようで，2023年は7社に対して株主提案を行った。

　ダルトン・インベストメンツはTOAに対する自己株式取得の提案理由として，「ROEが過去5年平均で5％を下回っており，ROEが資本コストを継続的に下回っているのは明白だ。PBRは0.6倍前後で推移している」と指摘した。

　戸田建設に対しては「PBR1倍割れの状況を改善し株価を意識した経営を行うとともに，株主還元の拡充及び資本効率の向上を図るため，自己株式取得を行うべきだ」と提案した。

　ダルトン・インベストメンツは中小型株投資のNAVFと異なり，大企業に対しても株主提案を行った。セコムに対して，「ROICの高さとは対照的に，近年は現金資産の積み上がりによりROEが継続的に悪化しており，株価低迷の一因になっている」と指摘し，自己株式取得，取締役の株式保有ガイドラインの設定，社外取締役を過半数にすることを求めたが，賛成率は各々9.2％，23.7％，18.8％だった。

　ダルトン・インベストメンツはハウス食品グループ本社に対しても，「現金資産の積み上がりにより，ROEは過去5年平均で5％を下回り，ROEが資本コストを継続的に下回っていることは明白だ」と指摘して，セコムと同様の株主提案を行った。ハウス食品グループ本社は株主総会招集通知で，政策保有株式を縮減して自己株式取得を進めていると反論したが，ROEと資本コストの関係に関する言及はなかった。ハウス食品グループ本社に対する株主提案の賛成率は各々11％台と低かった。

ダルトン・インベストメンツはリンナイに対しても，「過去５年平均ROEが7.1％と，伊藤レポートが目標とする８％を下回る」として同様の株主提案を行ったが，賛成率は各々10.9％，12.9％，10.4％だった。

　ロームに対する譲渡制限付株式報酬制度に係る報酬額に関する株主提案の賛成率は17.41％だった。

図表 9 - 1 NAVFとダルトン・インベストメンツの2023年の株主提案

提案者	コード	会社名	株主総会日	提案内容	賛成率(%)
Nippon Active Value Fund	1976	明星工業	2023/6/22	譲渡制限付株式報酬制度に係る報酬額承認	15.76
				自己株式の取得	21.91
				定款の一部変更（取締役の過半数を社外取締役とする）	14.34
	3151	バイタルケーエスケー・HD	2023/6/29	譲渡制限付株式報酬制度に係る報酬額承認	取下げ
				自己株式の取得	20.5
				定款の一部変更（取締役の過半数を社外取締役とする）	15.6
	3865	北越コーポレーション	2023/6/29	譲渡制限付株式報酬制度に係る報酬額承認	36.10
				自己株式の取得	37.83
				定款の一部変更（取締役の過半数を社外取締役とする）	36.46
	4362	日本精化	2023/6/23	譲渡制限付株式報酬制度に係る報酬額改定	8.25
				自己株式の取得	9.27
				定款の一部変更（取締役の過半数を社外取締役とする）	9.84
	4462	石原ケミカル	2023/6/28	譲渡制限付株式報酬制度に係る報酬額改定	9.60
				自己株式の取得	22.10
				定款の一部変更（取締役の過半数を社外取締役とする）	20.93
	5195	バンドー化学	2023/6/27	譲渡制限付株式報酬制度に係る報酬額承認	0.18
				自己株式の取得	12.74
				定款の一部変更（取締役の過半数を社外取締役とする）	7.50
	5930	文化シヤッター	2023/6/20	自己株式の取得	21.38
				定款の一部変更（取締役の過半数を社外取締役とする）	15.00
	6328	荏原実業	2023/3/23	譲渡制限付株式報酬制度に係る報酬額改定	11.5
				自己株式取得	15.0
				社外取締役の員数に関する定款変更	15.4
	9357	名港海運	2023/6/29	譲渡制限付株式報酬制度に係る報酬額承認	取下げ
				自己株式の取得	8.12
				定款の一部変更（取締役の過半数を社外取締役とする）	5.43
	6328	荏原実業	2024/3/26	譲渡制限付株式報酬制度に係る報酬額改定	11.80
				自己株式取得	15.10
				社外取締役の員数に関する定款変更	15.80

ダルトン・ インベスト メンツ	1860	戸田建設	2023/6/29	自己株式の取得	23.76
	2810	ハウス食品 グループ本社	2023/6/27	自己株式取得	11.76
				定款の一部変更（取締役の株式保有ガイドライ ンの制定）	11.53
				定款の一部変更（取締役の過半数を社外取締役 とする）	11.97
	5186	ニッタ	2023/6/27	定款の一部変更（取締役の過半数を社外取締役 とする）	16.96
	5947	リンナイ	2023/6/29	自己株式の取得	10.93
				定款の一部変更（取締役の株式保有ガイドライ ンの制定）	12.91
				定款の一部変更（取締役の過半数を社外取締役 とする）	10.37
	6809	TOA	2023/6/21	自己株式の取得	14.24
				定款の一部変更（取締役の過半数を社外取締役 とする）	9.66
	6963	ローム	2023/6/27	譲渡制限付株式報酬制度に係る報酬額承認	17.41
	9735	セコム	2023/6/27	自己株式の取得	9.21
				定款の一部変更（取締役の株式保有ガイドライ ンの制定）	23.74
				定款の一部変更（取締役の過半数を社外取締役 とする）	18.78
	2206	江崎グリコ	2024/3/26	資本コストや株価を意識した経営の実現に向け た対応に関する開示に係る定款変更	30.10
				剰余金の配当等の決定機関に関する定款変更	42.90
				譲渡制限付株式報酬制度に関する報酬額承認	11.40

注：2023年3～6月，2024年3月開催の株主総会後の臨時報告書で賛成率が公表された主な株主提案。
　　このリストは推奨銘柄でない
出所：会社発表，ブルームバーグよりみずほ証券エクイティ調査部作成

2　世界最大のアクティビストのエリオット・マネジメント

　エリオット・マネジメントは，1977年にPaul Singer氏によって設立され，2023年末時点で運用資産655億ドル（約9.8兆円）を持つ世界最大のアクティビスト・ファンドである。LCHインベストメンツによると，エリオット・マネジメントは2023年に55億ドルの利益をあげ，創業以来の利益が476億ドルに達した。従業員数は570名である。徹底してやること，ハードワーク，創造性がカルチャーである。

　株式，PE，プライベート・クレジット，ディストレス債券，ヘッジ・アービトラージ，イベントドリブン，不動産，コモディティ，ボラティリティ取引などマルチストラテジーを取る。過去に大量保有報告書を提出した銘柄はアル

プスアルパイン，ユニゾHD，日立国際電気（現KOKUSAI ELECTRIC），ケネディクスであり，東芝，ソフトバンクグループには大量保有報告書を提出していなかったが，同社のナビール・バンジー氏が東芝の社外取締役になった。

　現在，日本株投資はロンドン経由で行っており，2024年初めにゴールドマン・サックス出身の日本人を採用し，日本の機関投資家との協力関係を模索しているようだ。

　2024年4月には，エリオット・マネジメントが住友商事に投資したと報じられ，住友商事株が大きく上昇した。

図表9-2 エリオット・マネジメントの日本企業の主な投資先

投資年	コード	会社名	主な投資理由
2024	8053	住友商事	NA
2024	8801	三井不動産	株主還元
2023	7912	大日本印刷	株主還元
2021	NA	東芝	ガバナンス改革
2020	9984	SBG	株主還元
2019	NA	ユニゾHD	M&Aアービトラージ
2018	6770	アルプスアルパイン	M&Aアービトラージ
2017	NA	日立国際電気	M&Aアービトラージ
2017	NA	アサツー・ディ・ケイ	M&Aアービトラージ
2017	NA	ケネディクス	NA

注：2024年4月12日時点。このリストは推奨銘柄でない
出所：新聞報道等よりみずほ証券エクイティ調査部作成

エリオット・マネジメントの日本株投資はM&A関連のイベントドリブンが多かった

　2018年にはアルプス電気とアルパインの経営統合に絡んで，香港のオアシスが，統合比率が低すぎるとのキャンペーンを行ったのに対して，エリオット・マネジメントは，同年7～8月にアルプス電気とアルパインの両銘柄に大量保有報告書を提出した。オアシスの反対にもかかわらず，2018年12月のアルパインの臨時株主総会で両社の経営統合は承認されて，2019年1月にアルプスアルパインが誕生した。

エリオット・マネジメントは日立国際電気の時のように，短期で売り抜ける
つもりだったのかもしれない。アルプスアルパインの株価が下落する中，同社
の保有比率を2018年8月の5.1％から2019年1月に12.3％へ引き上げたが，2020
年6月に短期大量譲渡を行った。日立製作所の上場子会社だった日立国際電気
は，米国のKKRによるTOBによって2018年3月に上場廃止になったが，2023
年10月にKOKUSAI ELECTRICとして再上場し，2023年最大のIPOになった。

また，エリオット・マネジメントは上場していた不動産会社のユニゾHD
（2020年6月に上場廃止）に対して，HISのTOB表明後の2019年8月に，5.5％
で大量保有報告書を提出した後，9月に13.1％まで保有比率を引き上げた。
2020年4月にユニゾHDの保有株式の短期大量譲渡を行った。ユニゾHDは上
場廃止後も経営の混乱が続き，2023年4月に負債総額1,262億円で民事再生法
を申請した。

▶大日本印刷に約3億ドル投資

2023年1月24日のFTは，エリオット・マネジメントが大日本印刷に約3億
ドル投資し（保有比率は5％未満），自社株買い，保有不動産や政策保有株式の
売却，EV電池事業の価値解放などを求めたと報じた。また，エリオット・マ
ネジメントは2022年6月の株主総会で東芝に社外取締役を送り込んだが，2022
年8月時点でソフトバンクグループの株式はほぼ全て売却したと報じている。

エリオット・マネジメントがエンゲージメントを行った大日本印刷は，2023
年2月に「ROE10％（2022年度実績は7.9％）を目標に掲げ，PBR1倍超の早
期実現を目指す」という「DNPグループの経営の基本方針」を公表し，3月
の「2023〜25年度中期経営計画骨子説明会」において，注力事業領域への集中
投資，政策保有株式を純資産の10％未満に縮減，2023〜27年度に3,000億円の
自社株買いなどの骨子を挙げた。同日に開催された投資家向けの説明会には，
北島義斉社長が初めて出席して説明した。

大日本印刷が変わったのは，エリオット・マネジメントのみならず，日系運
用会社による長年のエンゲージメントの成果だったとみられる。2023年5月に
は経営目標数値，「基本戦略・KPI・施策」にまで踏み込んだセグメント戦略，
注目事業の戦略，事業構造改革・事業投資の概要，キャッシュ・アロケーショ

ンなどの財務戦略，ESGへの取り組みを含む非財務戦略など，包括的な具体策を発表した。決算短信でも「中長期の強靭な事業ポートフォリオの構築を進めるとともに，2023年度からの新しい3つの事業セグメントで，注力事業領域を中心とした価値の創出を加速する」と述べた。北島義斉社長は2024年2月2日の日経インタビューで，「過去にもオアシスが当社株を保有したことがあり，エリオット・マネジメントの株式取得はそれと変わらない。一株主として担当部署が対話し，事業構造の改革を進めると伝えている」と語った。

▶三井不動産への投資で不動産株全体が上昇

2024年2月5日にFTが，エリオット・マネジメントが三井不動産に対して，1兆円の自社株買いと三井不動産が保有するオリエンタルランド株の売却を要請していると報じたことを受けて，同社株は6.6％上昇し，他の大手不動産株も追随高した。

エリオット・マネジメントは三井不動産株を2.5％以上保有しているとのことだが，大量保有報告書は出していなかった。2024年2月8日時点で三井不動産のPBRは約1.3倍，不動産含み益を反映した税引後修正PBRは0.7倍だったが，税引後修正PBRは三菱地所と住友不動産の0.5倍の方が低かった。

みずほ証券の不動産アナリストの橋本嘉寛は2024年2月5日のレポートで，「バランスシートやクレジットレーティングを考えると，三井不動産がエリオット・マネジメントの要求に100％応えるのは難しい。」と指摘した。三井不動産は2024年2月の決算説明会で，「個別の投資家との対話はコメントできないが，全ての投資家とのオープンな対話を継続する」とコメントしていたが，2024年4月に発表した新グループ長期経営方針で，2030年前後に向けて年8％以上のEPS成長率と10％以上のROEを目指すとしたことで，株価は上場来高値を更新した。

3　外国人経営の日本企業との相性が良い　バリューアクト

バリューアクトはサンフランシスコに本拠を置き，運用資産160億ドル（約

2.4兆円）を持つ。

　バリューアクトはHPで，高クオリティ企業に長期投資し，パートナーとみなす経営者にデータ・ドリブンのインサイトを提供するとしている。バリューアクトは過去22年に100以上のコア投資を行い，合計47で取締役を務めた。過去の投資先企業はマイクロソフト，ロールス・ロイス，MSCIなどの大手優良企業である。バリューアクトは自社のHPに世界の投資先企業の一覧表を公表しているが，その中には任天堂も入っている。

➤オリンパスとJSRに社外取締役を送り込む

　バリューアクトはオリンパスに2018年5月に大量保有報告書を出し，保有比率は5.04％だった。バリューアクト・パートナーのデイビッド・ロバート・ヘイル氏が2019年6月にオリンパスの社外取締役に就任した。バリューアクトは2021年1月にオリンパスの保有比率を5％未満に引き下げたが，ヘイル氏は社外取締役を継続している。

　当時，オリンパスの竹内康雄社長（現会長）はバリューアクトが投資した米国企業のCEOと会い，彼らがどう貢献したか，経営がどう変わったかを調べたという。竹内社長は，「ガバナンス強化を徹底するには，バリューアクトが取締役にいることはよいことだ」，「企業変革プラン"Transform Olympus"で我々が言っていることと，バリューアクトの狙いは全く同じだ」と述べた（『週刊ダイヤモンド』2019年4月1日）。

　バリューアクトが9.3％を保有するJSRでも，2021年6月以降，ヘイル氏が社外取締役を務めている。JSRは2019年以降エリック・ジョンソン氏が社長を務めており，2023年6月に官民ファンドである産業革新投資機構（JIC）の買収を受け入れると発表した。

　オリンパスでも2023年にシュテファン・カウフマン氏が社長に就任しており，バリューアクトは外国人経営の日本企業との相性が良いようだ。

➤セブン＆アイHDはバリューアクトの要求に遅れて反応

　セブンイレブンは元々上場していたが，2005年の組織再編でセブン＆アイ・HDに完全子会社化された。

2023年5月のセブン＆アイ・HDの株主総会におけるバリューアクトの取締役候補者に対する賛成率は25〜34％と，外国人保有比率の33％並みと予想よりも低かった。ISSやグラスルイスはバリューアクトの提案に賛成助言を行ったが，創業家，持合株主，日系運用会社等はバリューアクトの株主提案を支持しなかった。

　バリューアクトは151ページに及ぶ「セブン＆アイ・HDを新たに見直す時がきた」とのプレゼンを発表し，ロバート・ヘイル氏が株主提案への賛成を呼びかけるために国内運用会社を訪問した。バリューアクトは4名の取締役選任を求める一方，井阪隆一社長，後藤克弘副社長，米村敏朗社外取締役の再任に反対した。バリューアクトがもう1人再任に反対していた伊藤邦雄一橋大学特任教授は，取締役候補にならなかった。ロバート・ヘイル氏が「新しいリーダーに変われば，世界的に成長できる潜在能力を発揮できる。暫定社長と長期的・継続的な社長を分けて考えるべきだ」と主張する一方，井阪社長は「2023年2月期に過去最高益を更新したのに，なぜリーダーシップ欠如と言われるのか分からない」と反論した。セブン＆アイ・HDがコンビニとイトーヨーカ堂の事業間にシナジーがあると主張したのに対して，バリューアクトは，スーパー事業を分離したうえでのコンビニ事業への集中を求めた。

　株価のパフォーマンスについても，期間の取り方によって両者の主張が異なっている。バリューアクトは，セブン＆アイ・HDの従業員エンゲージメントの低さや環境対応の不十分さなども指摘した。セブン＆アイ・HDはバリューアクトが指摘したように，グローバル小売企業よりは利益率が低かったが，日本の小売業としては資本市場の評価が高かった。

　セブン＆アイ・HDは2024年4月10日に発表した「企業価値・株主価値の最大化に向けたアクションプラン」で，国内スーパーマーケット事業をリストラしたうえで，IPO（セブン＆アイ・HDは一定の持株比率を維持）を計画するとした。アクティビストの主張には一理あることが多いため，提案を受けた企業が一旦拒否した後，タイムラグを置いてアクティビストの主張を部分的に受け入れることは，日米ともに見られる現象である。バリューアクトは2023年2月時点で約2％を保有していたが，同年10月にセブン＆アイ・HDの大株主名簿から外れたと報じられた。

▶バリューアクトの投資判明でリクルートHD株が上昇

　バリューアクトは2023年11月16日にリクルートHDの株式を約1,800万株超（11月16日時点の時価で約900億円）取得し、「私たちは、大きな価値創造の可能性を秘めた偉大な企業に投資し、同社の変革及び成長についての課題解決のためのパートナーとなる。リクルートHDの資産は現在の株価の2倍の価値があると考えている」と指摘したことで、株価が同日に＋9.4％上昇した。バリューアクトは同時に、Expedia GroupとWalt Disney株の取得も明らかにした。

　リクルートHDは、「当社のビジョンと経営陣を信頼し、企業価値と長期的な成長性を認識して頂いたものと考えている。バリューアクトと継続的な対話を行いたいと考えている」とのコメントを出した。バリューアクトはリクルートHDとセブン＆アイ・HDを、グローバル企業との比較で割安であり、企業価値向上余地があると判断したようだ。リクルートHDは海外売上比率が6割近くに達するので、グローバル企業とみなされようが、リクルートHDの経営に何らかの問題があると考えている内外機関投資家は少ないようだ。

　また、バリューアクトは2022年8月にトレンドマイクロの株式を8.7％取得した際に、「経営陣が会社の成長、ビジネスモデル及び業界でのリーダーシップをより高めるよう会社を変革するにあたって、経営陣のパートナーとなる」と述べた。

　2023年5月には、タイヨウ・ファンドの長年の投資先であるトプコンに大量保有報告書を提出し、その後保有比率を8％超に引き上げたが、どのようなエンゲージメントを行っているのかは明らかでない。

4　RMBキャピタルはCuriキャピタルと合併

　シカゴのRMBキャピタルは、2024年1月にCuriキャピタルと合併して、Curi RMBキャピタルとなった。2005年創業のRMBキャピタルの運用資産は96億ドル（約1.4兆円）だった一方、2019年創業のCuriキャピタルの運用資産は16億ドル（約2,400億円）だった。合計運用資産は113億ドル（約1.7兆円）、従業員数は180人（うちアドバイザー数は41人、CFA保有者は28人）である。

　RMBキャピタルの日本株投資は、2023年9月末時点で運用資産1.5億ドル

（約230億円）のファンド「インターナショナル戦略」を通じて行われている。このファンドは，本質的な価値に比べて割安で，ファンダメンタルズの改善見込みがある企業に投資する。2023年9月末時点の日本株比重は18.1％で，ベンチマークのMSCI EAFE指数比でアンダーウエイトしていた。保有銘柄数は44と集中投資しており，上位10保有銘柄に入っている日本株は，8位の三菱UFJFGのみだった。この戦略は2017年末の設定以来のパフォーマンス年率－1.2％とベンチマークの＋2.6％をアンダーパフォームしている。

　ファンドマネージャーの細水政和氏は野村證券出身で，シカゴ大学のMBA取得し，2013年にRMBキャピタルに入社した。細水氏はHPに掲載されたインタビュー記事で，外国株の分析でROI（特にキャッシュフリー・ベースのROI）とライフサイクルを重視するという話をし，経営者に成長事業や高ROI事業に資金を割り振る一方，低ROI事業の資産を縮小することを求めると述べた。

➤三陽商会の株価急騰前に売却か？

　RMBキャピタルは2020年5月に開催された三陽商会の株主総会で，7人の取締役選任を出して否決された。株主総会後にRMBキャピタルは，「約3割の株主の支持を得た。全てのステークホルダーが一丸となって三陽商会の再生を後押しすることを期待している」と述べた。

　三陽商会はバーバリーのライセンス販売の契約が切れたこともあり，2020年2月期まで4年連続で最終赤字に陥っていた。2019年の株主総会でも，ひびきパースから取締役への譲渡制限付株式報酬の導入，DPS80円への増配の株主提案を受けて，否決していた。

　三陽商会は2022年2月期に2020年2月期比で売上が約半減したが，リストラで6年ぶりの黒字化を達成した。翌年2023年10月6日に業績上方修正，増配，「PBR改善計画」を発表し，株価がストップ高し，PBRが0.6倍弱から0.7倍強に上昇した。人流回復，インバウンド拡大，設立80周年の記念商品投入による押上げ効果等を背景に，2024年2月期予想の売上を前年比＋4.7％→＋5.5％，営業利益を同＋20.8％→＋38.6％と上方修正した。配当政策は2022年4月発表の中期経営計画でDOE2％としていたが，「PBR改善計画」でDOE2％→3％と

引き上げ，DPSを59円→88円（予想配当利回りは3.9％）への増配を発表した。「PBR改善計画」には，PBRの改善＝ROEの改善×PERの向上との式を掲載した。株主資本コストの明示はなかったが，2023年2月期のROEは6.1％と，株主資本コストを下回るとの認識を示し，Returnの増加，配当の段階的向上等のエクイティのコントロールにより（自己資本比率は70％），ROE8.5％を目指すとした。

　RMBキャピタルは2023年8月に保有比率を5.1％→4.0％と引き下げたので，三陽商会は変わらないと思って売ってしまったのかもしれない。三陽商会は2023年7月28日に発表した「株主との対話の実施状況」で，2022年6月～2023年5月に実施した延べ60回のIR・SR面談数の内訳を，国内投資家が71％・海外投資家が29％，アクティブが61％・アクティブ＆パッシブが39％と発表した。三陽商会は株主との対話で得たインプットと対応状況を一覧表にした。三陽商会の開示は，東証の「株主との対話の推進と開示について」の要請に沿った内容と評価された。

➤フェイスに子会社のスピンオフを要求

　RMBキャピタルは2022年2月のフェイスの臨時株主総会で，子会社である日本コロンビアの普通株式の現物配当の株主提案を行ったが，否決された。RMBキャピタルはフェイスの約10％を保有する長期株主だと自己紹介した。

　衰退事業である着メロ等を手掛けていたフェイスは，2017年に株式交換によって，日本コロンビアを完全子会社化した。RMBキャピタルは，買収から4年を経たにもかかわらず，経営陣の無策によってフェイスの企業価値がほぼ半減したと批判し，①無駄な新規事業の削減，②日本コロンビアを中心とする音楽レーベル事業への経営資源の集中，③自社株買い等の株主還元の強化を提案してきた。

　フェイスは2018～2019年に自社株買いを行ったが，その後は株主還元が実施されなかった。RMBキャピタルは，日本コロンビアをスピンオフしてIPOすれば，約20倍のEV/EBITDAのバリュエーションが付き，フェイス1株につき約2,200円の価値があると試算した。一方，経営陣が日本コロンビアの犠牲のうえで，無駄な新規事業への投資を継続するのであれば，MBOによる非上場

化を実施し，経営陣が100％リスクを負うべきと主張した。

　RMBキャピタルは，2022年２月の株主提案を否決されたことで，同年５月にフェイスの保有比率を５％未満に引き下げた。フェイスは2023年３月期まで５年連続で最終赤字を記録した。

　フェイスが上場したのは2001年だったが，上場直後の高値から20分の１以下に下落しており，典型的なIPOピークの銘柄だった。

5　タイヨウ・ファンドは投資先企業にとって 「厳しい友人」

　ワシントン州にあるタイヨウ・ファンド（正式名称はTaiyo Pacific Partners）は，日本での宣教師経験もあり，日本語が流暢なブライアン・ヘイウッド氏等によって2001年に創業された。

　同社HPには，運用資産は24億ドル（約3,600億円）と書いてあり，2020年に前書を書いた時の26億ドルから若干減ったようだ。また前書からの大きな変化として，YFOがブライアン・ヘイウッド氏等から株式を買い取って，タイヨウ・ファンドのオーナーになったことだ。ただ，YFOは純投資であり，経営は依然としてブライアン・ヘイウッド氏等に任されているようだ。タイヨウ・ファンドは投資先企業の経営者とエンゲージメントを行い，評判（IR改善等），財務，事業の３つの領域で長期的な価値を創造する。タイヨウ・ファンドは投資先企業の信頼を勝ち取り，意思決定を強化し，勇敢な決定の自信を与えるためのアイディア，分析，ツールを提供する。

　HPによると，タイヨウ・ファンドは投資先企業よって「厳しい友人」（Tough Friend）と呼ばれているというが，マスコミでは"Friendly Activist"と評されることもある。タイヨウ・ファンドは2017年度末時点でGPIFから日本株の100億円超のアクティブ運用を受託していたが，GPIFの新たな手数料体系で合意がなされなかったため，2018年度に解約された。タイヨウ・ファンドにはみずほ銀行出身者も含めて日本人が数名おり，日本企業とのエンゲージメントを行っている。

タイヨウ・ファンドは評判価値と財務価値の増大を手助けする

　タイヨウ・ファンドは日系運用会社のように，四半期ごとに議決権行使結果を発表している。ISSの意見を参考にしながら投票するが，2023年4〜6月の株主総会では，投資先16社の151の議案全てに賛成した。タイヨウ・ファンドが株主総会で株主提案を行ったことはない。

　タイヨウ・ファンドはスチュワードシップ・コードを受け入れており，その"Self Evaluation Report 2022"によると，2022年のパフォーマンスは−20.6％とTOPIXの−4.1％を大きくアンダーパフォームした。タイヨウ・ファンドは中小型グロース株にも投資するので，世界的な金利上昇による中小型グロース株の下落から悪影響を受けたことが原因とみられる。しかし，タイヨウ・ファンドの組入銘柄の平均ROEは12.3％と，TOPIXの平均ROEの7.6％を上回っていた。

　タイヨウ・ファンドのHPの最初には，「誤解された市場で価値を保護，解放，創造する」と書いてある。企業価値は事業価値＋財務価値＋評判価値の合計だと見直しており，本業には基本的に介入しないものの，エンゲージメントを通じて財務価値や評判価値の増加を手助けする。タイヨウ・ファンドは2022年に1,045回の企業とのミーティングを行い，うち335回はCEOとのミーティングだった。エンゲージメントの成功は96回で，その内訳は評判価値（情報開示，IRプレゼン，IRイベント等）が56回，財務価値（資本配分の見直し，自社株買い，増配等）が25回，事業価値（リストラ，見える化，利益率改善等）の増加が15回だった。

図表9−3　タイヨウ・ファンドが大量保有報告書を提出した企業

コード	会社名	直近提出日	初回提出日	保有時価 (100万円)	保有株数 (1,000株)	保有比率 (%)		前回提出時保有比率 (%)
3031	ラクーンHD	2023/4/13	2021/11/26	2,783	4,302	19.36	↑	18.28
7164	全国保証	2023/6/23	2021/2/15	16,204	2,990	4.34	↓	5.36
3046	JINSHD	2023/7/13	2015/11/6	4,148	992	4.14	↓	5.16
7732	トプコン	2023/10/13	NA	7,542	4,321	3.99	↓	5.05

4565	そーせい	2024/1/19	43252	9,552	6,368	7.12	↓	8.22
6789	ローランドDG	2024/2/16	2006/4/13	13,221	2,391	19.41	↓	19.63
4189	KHネオケム	2024/4/10	2019/5/15	5,040	2,090	5.62	↓	6.62

注：2024年4月12日時点。2023年1月以降に大量保有報告を提出した銘柄。上場廃止銘柄を除く。初回提出日はその銘柄に対して初めて大量保有報告書を提出した日（途中5％以下になった期間がある場合がある）。このリストは推奨銘柄でない
出所：QUICK Astra Managerよりみずほ証券エクイティ調査部作成

ローランドは再上場，ローランド ディー．ジー．はMBOを発表

　電子楽器専業のローランドは2014年にMBOした後，2020年再上場した。ローランドはブライアン・ヘイウッド氏が代表を務めるタイヨウ・ジュピターHDが34.8％の株式を保有し，同氏が社外取締役を務めている。

　ローランドは外国人が社長を務める会社だが，株主総会招集通知で，ブライアン・ヘイウッド氏について，会社経営並びにグローバルな投資の専門家として豊富な知識・経験を有していると称した。

　ローランドと社名が似ている，インクジェットプリンターのローランド ディー．ジー．も，2024年2月9日にMBOを発表した。同社株を19.4％保有するタイヨウ・ファンドが全額出資するケイマン諸島に設立されたリミティド・パートナーシップが公開買付者である。MBO価格は現値に3割のプレミアムを付けた値段で，PBRは約1.4倍だった。ブライアン・ヘイウッド氏は同社の社外取締役も務めていた。

　ローランド ディー．ジー．は，ローランドのMBO・再上場を通じて収益を大きく拡大させた事実を指摘した。ローランド ディー．ジー．は，「公開買付開始に関するお知らせ」の中で，タイヨウ・ファンドについて，徹底的なボトムアップを有する少数の投資先企業との徹底的な価値共創にこだわり，経営陣との積極的な対話を通じた事業内容・経営課題への深い理解に基づいた企業価値向上の支援を特徴としていると指摘した。

　タイヨウ・ファンドは2005年以来の長期にわたり，ローランド ディー．ジー．の株主として経営を支援してきた実績があり，同社の事業及び経営理念を最も理解しているため，中長期的な企業価値向上に資するパートナーとして最適だ

と考えたという。

　事業会社間の同意なきM&Aが珍しくなくなる中，2024年３月13日にブラザー工業がローランド ディー. ジー. に対して同意なきTOBの開始予定を発表した。その後，ローランド ディー. ジー. がMBO価格を引き上げた一方，５月９日にブラザー工業はTOB価格を引き上げなかったため，事実上の買収断念とみられた。

6　ブランデスは創業50年の老舗ファンド

　サンディエゴに本拠があるブランデス・インベストメントは1974年創業なので，2024年に創業50周年という歴史のあるファンドである。グローバルな株式だけでなく，債券運用も行っている。

　100年ビジョンを持ち，バリュー投資の父と言われるグラハム＆ドットのバリュー投資の考え方を適用する。①誠実にファンダメンタルズ分析を実施，②グローバル視野での長期的な見通しを持つ，③社員が100％の株式を持つ資本的に独立したファンドであり，独立した思考を行うことを強みにしている。

　ブランデスはHPで，「グローバル・バリュー投資のパイオニア」と自ら謳っている。"Brandes at a Glance" によると，2024年３月末時点の運用資産は260億ドル（約４兆円）だった。米国株ではMagnificent Sevenを中心とする大型グロース相場で，バリュー投資のパフォーマンスが悪かったので，資金が流出したのかもしれない。

　運用資産のマンデート別の内訳は，外国株が32％，グローバル株式が23％，新興国戦略が11％，米国バリュー株が11％，債券が４％，外国小型株が４％だった。従業員数193人（うち運用のプロフェッショナルが34人）と，2020年時点の258人（同46人）から減った。サンディエゴ以外，ミルウォーキー，トロント，ダブリン，シンガポールにオフィスがある。

ブランデスは日本株をアンダーウエイト

　ブランデスの日本株投資は，運用資産が8.1億ドル（約1,200億円）の "International Equity Fund"，同5.0億ドル（約750億円）の "International

Small Cap Equity Fund"を通じて行われているが，2022年3月末時点で日本株比重は各々10.4％，11.7％とベンチマーク比重の23.6％，22.2％を大きくアンダーウエイトしていた。ポートフォリオの平均PBRは各々1.2倍，0.8倍とベンチマークの各々1.9倍，1.4倍を大きく下回るバリュー・ポートフォリオになっている。

"International Equity Fund"では武田薬品工業が2位の組入になっている。同ファンドは1997年の設定以来のパフォーマンスは年率7.7％と，ベンチマークのMSCI EAFE指数の5.1％をアウトパフォームしている。"International small Cap Equity Fund"は1996年の設定以来パフォーマンスは年率9.3％と，ベンチマークのS&P Developed Ex-US SmallCap指数の6.5％をアウトパフォームしている。2023年にブランデスが大量保有報告書を提出した銘柄は小森コーポレーションと臨床検査薬のH.U.グループHDのみだった。

ブランデスは2000年代にアグレッシブな株主提案を行っていた

ブランデスは2000年代に，小野薬品工業，ローム，日比谷総合設備，三井住友海上グループホールディングス（現MS&ADインシュアランスグループHD）に増配や自社株買いなどを提案したことがあったが，近年は明示的な株主提案を行っていない。

小野薬品工業の7％強を保有したブランデスは，2007年6月の株主総会で大幅増配を提案したが，反対70％の大差で否決された。小野薬品工業はブランデスの株主提案を拒否したものの，3年間にフリーキャッシュフローの100％を還元する方針を示した。小野薬品工業は長年株式持合が多い会社だったが，2018年度の中間決算で持合解消の方針を示し，その後，持合解消に前向きになったので，ブランデスのエンゲージメントの効果が多少あったのかもしれない。

ブランデスは2009年にロームを5.5％保有して，発行済株式の2％強の自社株買いを提案したが，ロームは連結キャッシュフローの100％以上を株主還元に充てる方針で着実に株主還元をしていると反論し，ブランデスの提案を拒否した。ロームは，他の機関投資家の支持を集めるために2006年に導入した買収防衛策も，2009年に廃止した。

ブランデスのパフォーマンスの悪化に寄与したのが，創業者の父と娘が経営権を争った2015年3月の大塚家具の株主総会で10%強を保有したブランデスが，大塚久美子社長を支持したことだった。大塚久美子社長が経営権を握った大塚家具は業績悪化に歯止めがかからず，株価も大きく下落した後，ブランデスは2018年8月までに大塚家具の全株式を売却した。他の機関投資家は少額保有だったのに対して，大量保有報告書を出していたブランデスは打撃が大きくなった。アクティビストには経営者の手腕を見極める目が重要であることを示した事件だった。

7　Kaname Capitalはボストンから日本の中小型バリュー株に投資

　ボストンから日本の中小型株に対してバリュー運用を行っているKaname Capitalは，GMO International Activeに勤務していたEric Ikauniks氏とToby Rodes氏によって設立された。"Kaname"は日本語の「要」を意味する。Kaname CapitalはHPの"Why Japan"で，日本の中小型株に事業のエクセレンスと魅力的なバリュエーションを提供する銘柄が多いと指摘した。

　Kaname Capitalは2023年6月の株主総会でフクダ電子に対して，買収防衛策の廃止，大規模買付行為への対応策に関する規定の新設，取締役の個人別の報酬額の決定方法，取締役の報酬額の決定方法に関する規定の新設の株主提案を行ったが，賛成率は各々24.32%，23.76%，6.29%，6.29%で否決された。

　Head of Researchの槙野尚氏はみさき投資会社等の勤務を経て，コロンビア大学ビジネススクールでMBAを取得した後，Kaname Capitalに入社した。槙野尚氏は2023年5月にみずほ証券で行った「創業家持分が多い企業のガバナンス」との講演では，中小型＆バリューマネージャーの悩みとして，①Value TrapではなくTrapped Value，②エンゲージメントも取締役会も機能しないガバナンス構造，③見て見ぬふりの市場参加者を挙げた。槙野尚氏は「日本企業は直近でPBR1倍割れ企業の比率が48%もあることに加え，10年連続で1倍割れの企業も22%あった」と指摘した。また，2024年2月12日の「マネックス・アクティビスト・フォーラム2024」では，「日本のホームセンター業界は

14社が上場し，PBR 1倍割れが10社，ファミリー企業系が12社あり，経営者の交代も業界再編も進みにくい構造にある」と述べた。

8　投資先への要求を開示するサードポイント

サードポイントは，WEBに公開される四半期ごとの"Investor Letter"で，主な投資先企業にどのような経営提案をしたかを明らかにしている。

サードポイントは日本企業に5％超の大量保有報告書を提出したことはなく，少量の保有しかしない。サードポイントの投資に対して，ノーコメントとする事業会社も多い。サードポイントは投資先企業への要求を開示することで，他の機関投資家の賛同を呼び込むと同時に，投資先企業が自主的に変わることを期待しているのだろう。

2023年3月末時点で運用資産は180億ドル（約2.7兆円）であり，2023年4Q時点のInvestor Letterによると，2023年のリターンは＋12.9％と好調で，2023年9月末時点で公益企業のPG&Eが最大の投資先だったほか，マイクロソフトやアマゾン等も上位5の保有銘柄だった。

▶ソニーに対する2回の株主提案は失敗

サードポイントは2019年6月に100ページ超の"A Stronger Sony"とのソニーに対する経営改善要求のプレゼンテーションをWEBに公開した。サードポイントは2013年にソニーに対してエンターテインメント部門の分離を提案した時もそうだが，ソニー株を5％超保有して大量保有報告書を提出したわけでもなく，株主総会で正式に株主提案をしたわけでもなく，ソニーに対して経営改善要求を突き付けただけである。サードポイントはソニーの経営を，「過去5年間のオペレーショナルな改善がドラマティック」だったと称賛し，ゲーム，音楽，映画，半導体の4つの"Crown Jewel"の利益が同期間に5倍に増えたと，これら4セグメントの重要性を強調した。

一方で，サードポイントは，ソニーの株が予想EPSの11倍（その後株価が上昇したため，みずほ証券予想の2020年度PERは13倍弱），unlevered FCFの7倍と割安に取引されているのは，事業ポートフォリオの複雑性（"portfolio complexity")のためだと指摘した。

　サードポイントによると，多くの事業セグメントの予想が難しいので，投資家はソニー株を保有するのを嫌がっている。特に，エンターテインメント資産に比べて，半導体と金融セグメントは全く異なる（"distinctly different"）ビジネスモデルと資本使用度（"capital intensity"）を持つ，と指摘したうえで，ソニーに対して，①半導体部門をスピンオフして別の上場企業（"Sony Technologies"）として上場，②新たなソニー（"New Sony"）をグローバル・エンターテインメント企業としてポジショニングする，③ソニーフィナンシャル，エムスリー，オリンパス，Spotifyなど保有する上場企業株を売却（"divestiture"）することなどを提案した。

　ソニーは2019年9月に「株主そして多様なステークホルダーの皆様へ」と題した「CEOレター」で，2017〜18年度と2期連続で過去最高益を更新し，ROEも10％以上の目標を大きく上回った実績を強調した。ソニーは存在意義（"Purpose"）を「クリエイティビテイとテクノロジーの力で，世界を感動で満たす」と定めたという。ソニーはサードポイントの強い関心に感謝を示す一方で，多様な経験を有する社外取締役が多数を占める取締役会で，半導体事業はソニー内の他事業や人材との協業により今後さらに大きな価値創出が期待できると結論づけたと，サードポイントの主張を退けた。

➤ IHIに不動産事業のスピンオフを提案

　サードポイントは，2014年5月にIHIについて，「ジェットエンジンやターボチャージャー事業は収益率が高いものの，不動産事業を別会社にスピンオフすれば，コングロマリット構造が是正される」として，「IHIの本質的な価値は1,000円以上（当時の株価は400円程度）ある」と指摘した。IHIの斎藤保社長（当時）は，「自社の事業について丁寧に説明していく」と述べると同時に，不動産事業は「再開発を進める豊洲の不動産価値は東京オリンピック後も高い」として，分社化を拒否した。

　IHIは2015年1〜3月期から7四半期連続で業績を下方修正するなど業績が悪化した際に，斎藤社長は「ものづくり力が低下した」と弁明したが，市場では「IHIは困ったら豊洲の土地を切り売りすればよいと考えているフシがある」

として，含み資産が甘い経営判断の遠因になったとの指摘があった。サードポイントは2015年10月までにIHI株を売却したと報じられた。IHIは航空機エンジン整備事業で無資格検査も発覚したが，2017年に就任した満岡次郎社長の下で，本業では収益性改善に向けた事業の集中と選択が進みつつある。

サードポイントは2015年7月に，「スズキが保有するインドのマルチスズキの資産は，スズキの時価総額を上回っている」，即ち，「スズキのインド以外の資産はマイナスの評価になっている」として，割安に放置されているスズキ株に投資したことを明らかにした。2013年以降，マルチスズキの株価は3.5倍に上昇したのに，スズキの株価の上昇率はそれより低かったと指摘した。

当時のスズキはフォルクスワーゲンと資本提携の解消で揉めて，国際仲裁裁判所で係争中だったが，サードポイントはスズキに豊富なネット現金ポジションや持合解消資金を使って，フォルクスワーゲンから自社株を買い戻し，消却するように求めた。スズキは2016年2月にフォルクスワーゲンとの和解が成立し，3月にフォルクスワーゲンから取得した発行済株式総数の12.5％の自社株を消却し，8月に富士重工業の政策保有株全てを売却した。サードポイントがいつスズキ株を売却したのかは不明だった。

図表9-4 サードポイントのInvestor Letterに登場した国内外企業

		ティッカー	会社名			ティッカー	会社名
2015	1Q	YUM US	Yum Brands		2Q	BAX US	Baxter International
		DVN US	Devon Energy			–	DiDi
		6954	ファナック		3Q	–	Apigee
		7013	IHI			–	Akarna Therapeutics
	2Q	AGN US	Allergan	2017	1Q	HON US	Honeywell International
		7269	スズキ			UCG IM	UniCredit SpA
		STZ US	Constellation Brands			EOAN GY	E.On
		MHK US	Mohawk Industries		2Q	BAX US	Baxter International
		ROP US	Roper Technologies			BABA US	Alibaba Group HD
	3Q	3382	セブン&アイ HD			BLK US	Blackrock
2016	1Q	DWDP US	DowDuPont		3Q	DOV US	Dover
		BUD US	Anheuser Busch InBev			DWDP US	DowDuPont
		TAP US	Molson Coors			HON US	Honeywell International
		TWC US	Time Warner Cable		4Q	NESN SW	Nestle
		CHTR US	Charter Communications	2018	1Q	UTX US	United Technologies
		CB US	Chubb			DWDP US	DowDuPont
		DHR US	Danaher Industries			LEN US	Lennar

		ティッカー	会社名
		DOV US	Dover
	2Q	PYPL US	PayPal
	3Q	AXP US	American Express
	4Q	BAX US	Baxter International
		CPB US	Campbell Soup
		NESN SW	Nestle
		–	United Technologies
2019	3Q	–	Sotheby's
		EL FP	EssilorLuxottica
		6758	ソニーグループ
	4Q	6758	ソニーグループ
		CPB US	Campbell Soup
2020	2Q	BABA US	Alibaba Group HD
		JD US	JD.com
		AMZN US	Amazon.com
		DIS US	The Walt Disney Company
		PCG US	Pacific Gas & Electric
		PRU LN	Prudential
		SPGI US	S&P Global
	3Q	S US	SentinelOne
		UPST US	Upstart
	4Q	INTC US	Intel
		PRU LN	Prudential
		UPST US	Upstart
2021	1Q	GRAB US	Grab
		CSGP US	Costar Group
	2Q	RH US	Restoration Hardware
		DIS US	The Walt Disney Company
	3Q	VIV FP	Vivendi
		DELL US	Dell
		ENT LN	Entain
		PRU LN	Prudential
		SHEL NA	Shell
		UNH US	UnitedHealth
		RIVN US	Rivian
	4Q	AMZN US	Amazon.com
		ACN US	Accenture
		INTC US	Intel
		–	Verbit

		ティッカー	会社名
2022	1Q	SHEL NA	Shell
		GLEN LN	Glencore
		PCG US	Pacific Gas & Electric
		–	ConsenSys Software
	2Q	DIS US	The Walt Disney Company
	3Q	CL US	Colgate Palmolive
		DIS US	The Walt Disney Company
	4Q	AIG US	American International Group
		PCG US	Pacific Gas & Electric
		BBWI US	Bath & Body Works
		CL US	Colgate Palmolive
		DD US	DuPont de Nemours
2023	1Q	UBS US	UBS
		GOOGL	Alphabet
	2Q	DHR US	Danaher Industries
		SHEL LN	Shell
	3Q	UBS US	UBS
		J US	Jacobs Solutions
		VST US	Vistra
		SHEL LN	Shell
		DHR US	Danaher
		PCG US	Pacific Gas & Electric
		MSFT US	Microsoft
		HTZ US	Hertz Global HD
		BBWI US	Bath & Body Works
		MC FG	LVMH Moet Hennessy Louis Vitton
	4Q	BBWI US	Bath & Body Works
		MSFT US	Microsoft
		PCG US	Pacific Gas & Electric
		AMZN US	Amazon.com
		X US	United States Steel
		RRX US	Regal Rexnord
		HTZ US	Hertz Global HD
		OPCH US	Option Care Health
		VLTO US	Veralto
		GB US	Global Blue Group HD

注：クレジット関連で言及された銘柄，パフォーマンス上位・下位でリストアップされた銘柄を除く。
記載のない四半期は個別銘柄への言及なし。このリストは推奨銘柄でない
出所：会社資料よりみずほ証券エクイティ調査部作成

9　日本に来ていない米国の大手アクティビストが多い

　2023年の統計はまだ出ていないが，Insightiaによると，2022年に米国のアクティビスト・キャンペーン数は世界の約6割を占めた。HFRによると，2023年1～11月に世界のアクティビスト・ファンドのパフォーマンスは＋10.0％と，ヘッジファンドの平均リターンの2倍以上の好パフォーマンスになった。

　アクティビストの運用資産の公式なランキングは存在しないが，Insightiaはキャンペーン数，ファンドサイズ，パフォーマンス等に基づいて，アクティビスト・トップ10を策定している。このランキングによると，エリオット・マネジメントが1位である。エリオット・マネジメントの日本株投資については前述したが，米国株では大手石油ガスのフィリップス66に約10億ドル投資し，事業戦略の失敗や株価のアンダーパフォーマンス等を指摘するレターを送り，通信インフラのクラウン・キャッスルに対して，ガバナンス改善や事業投資の再考等を求めた。

　2位には，87歳のカール・アイカーン氏がランクされた。フォーブス誌によると，アイカーン氏は2023年末時点で56億ドル（約8,400億円）の個人資産を持っていた。HPには現在の投資先としてCVRエネルギー等が挙げられ，バイオ企業のイルミナに対するオープンレター等が公開されている。3位のSaba Capital Management，4位のAncora Advisorsは，日本では馴染みがないアクティビストである。5位に英国のNAVF（Nippon Active Value Fund）が入ったのは意外感があった。6位のCrystal Amberに続いて，7位がバリューアクトだった。バリューアクトは2023年9月末時点で，金融のFiservやセールスフォース等が上位保有銘柄だった。8位のJana Partners，10位のStarboard Valueも米国の著名アクティビスト・ファンドだが，日本株に投資したという話は聞いたことがない。

ファラロン・キャピタル・マネジメントはロー・プロファイル

　Insightiaのトップ10に入らなかったが，ファラロン・キャピタル・マネジメントはエリオット・マネジメントと並ぶ米国の大手アクティビストとみなされ

ている。ファラロン・キャピタル・マネジメントの日本法人の実質的な代表である今井英次郎氏は，弁護士資格を持ち，2013年に同社に入社し，2022年から東芝とブロードバンドタワーの社外取締役を務めている。

　ファラロン・キャピタル・マネジメントのHPには，1986年創業で約200人の社員がおり，390億ドル（約6兆円）の柔軟な資本を持つと記されているが，ロー・プロファイルを維持している。資産の保全を重視するボトムアップのファンダメンタルズ分析を通じて，優れたリスク調整後リターンを実現することを目指している。ファラロン・キャピタル・マネジメントは日本株では東芝を利食った後，富士ソフトに大量保有報告書を提出したが，米国株ではゲームのActivision Blizzardなどに投資していた。2023年9月末時点でファラロン・キャピタル・マネジメントのトップ保有はS＆P500のETFだったので，その後も保有を継続していれば，S＆P500の史上最高値更新から大きな利益を得たことになる。

　Trian Partnersを経営するネルソン・ペルツ氏（81歳）も，カール・アイカーン氏と並ぶベテラン著名アクティビストだ。フォーブス誌によると，ペル

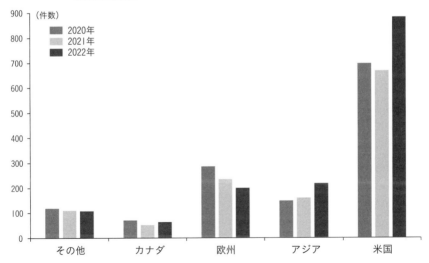

図表9-5　地域別のアクティビスト・キャンペーン数

注：キャンペーン数はアクティビストの本社および年次データに基づく
出所：Insightiaよりみずほ証券エクイティ調査部作成

ツ氏の個人資産は15億ドル（約2,100億円）だ。ペルツ氏はウォルトディズニーに25億ドル投資し，複数の取締役シートを求めていると報じられている。

図表9-6　世界のアクティビスト・ランキング

順位	アクティビスト・ファンド名	2022年に公開されたターゲット企業数	ターゲットの平均時価総額（10億ドル）	2022年のトータルリターン（%）	Insighita掲載のニュースストーリー数
1	Elliott Management	9	24.3	-2.3	95
2	Carl Ichan	7	39.6	-3.8	61
3	Saba Capital Management	8	0.3	8.7	22
4	Ancora Advisors	10	4.2	-14.7	47
5	Nippon Active Value Fund	13	0.3	7.4	7
6	Crystal Amber	3	0.2	27.9	12
7	ValueAct Capital Partners	4	29.0	-1.0	20
8	Jana Parners	4	4.8	0.7	40
9	Engine Capital	6	2.6	3.4	16
10	Starboard Value	5	14.5	-20.1	51

出所：Insightia "The Shareholder Activism Annual Review 2023"よりみずほ証券エクイティ調査部作成

第**10**章

機関投資家のエンゲージメント

1　東証がプライム企業に株主との対話の実施状況の開示を求める

　金融庁も東証も，企業と機関投資家のエンゲージメントを通じて企業価値が上がることを望んでいる。

　東証は2023年3月末に発表した「株主との対話の実施状況等に関する開示について（案）」で，プライム企業を対象に直前事業年度における経営陣等と株主との対話の実施状況等について開示を要請した。

　東証は開示することが考えられる事項として，①株主との対話の主な対応者，②対話を行った株主の概要（属性など），③対話の主なテーマや株主の関心事項～特に株主から気づきが得られた対話や，経営陣等の説明により株主の理解を得られた対話の実例，④対話において把握された株主の意見・懸念の経営陣や取締役会に対するフィードバックの実施状況，⑤対話やその他のフィードバックを踏まえて，取り入れた事項があればその内容などを挙げた。これらはコーポレートガバナンス報告書に記載することが要請されたが，統合報告書に記載し，そのリンクを貼っている企業もある。

　大手機関投資家からは，社長CEOやCFOだけでなく，社外取締役とミーティングしたいとのニーズが強まる一方，時価総額が小さすぎる企業からエンゲージメントを要請されても，人的リソースの観点から対応できないとの反応もあった。運用会社はGPIF等の公的年金からマンデートを得るためには，エン

191

ゲージメント・チームの充実とその成果発表が重要になっている。

「株主との対話の推進と開示」の対応状況

　東証は2023年8月29日に「株主との対話の推進と開示」に関する企業の対応
状況とフォローアップを発表した。

　「株主との対話の推進と開示」については，34％のプライム企業が開示（既
開示33％＋今後開示1％）しており，PBR対策よりも実施率が高くなった。
PBR対策同様に，時価総額が大きい企業ほど，開示状況が高かった。機関投資
家や証券会社からのフィードバックには，①PBRを計算する際に，分子の時価
総額に自社株分を含んでいるケースがみられるが適切でない，②コーポレート
ガバナンス報告書のリンク先で見るべき部分のページ数の記載がなく，開示を
見つけづらいケースがある，③時価総額が小さい企業は，取り組みを検討する
ための金融リテラシーやリソースが足りない印象，④開示状況の集計結果の定
期的な公表で，未対応企業に対するプレッシャーを誘引すれば，良いサイクル
が生まれるなどがあった。

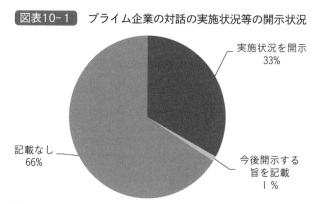

図表10-1　プライム企業の対話の実施状況等の開示状況

実施状況を開示
33%

記載なし
66%

今後開示する
旨を記載
1%

注：3月期決算上場会社を対象に，要請後から2023年7月14日までに提出されたコーポレート・ガバ
　　ナンス報告書の内容等に基づき集計。コーポレートガバナンス・コード原則5-1に基づき「株
　　主との建設的な対話に関する方針」のみを開示している場合は，「記載なし」として集計
出所：東証よりみずほ証券エクイティ調査部作成

アクティブ投資家のエンゲージメント対象になるのは12%の上場企業しかない

　東証は「『株主との対話の推進と開示』に関する企業の対応状況とフォローアップ」で，株主との対話開示の好事例として神戸製鋼所，鹿島，日本エム・ディ・エム，松風を挙げた。神戸製鋼所は面談先ごとの対応者等の体制や実績の記載，鹿島は経営陣のフィードバックの概要や対話の成果の記載，日本エム・ディ・エムは株主からの意見を踏まえて実行している具体的な取り組み等の記載，松風は株主からの要望の内容とそれに関する考え方，対話を踏まえた成果等の記載が評価された。

　一方，上場会社はアクティブ投資家に対して，対話・エンゲージメントの際に中長期的な企業価値向上の観点から企業に示唆を与える個別具体的な提案等を期待しているものの，アクティブ投資家の保有比率が低下傾向にあるので，対話の相手先としてアプローチすべき先が見つかりにくいとの悩みが聞かれた。

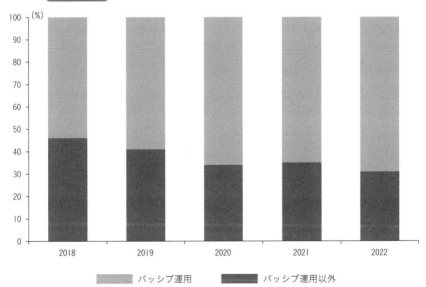

図表10-2　日本株投資残高に占めるアクティブ運用の比率の推移

注：投資運用会員および日本版スチュワードシップ・コードの受入れを表明したその他会員を対象に調査。各年6月時点の状況
出所：東証よりみずほ証券エクイティ調査部作成

運用資産残高で加重平均した1社当たりのエンゲージメント対象銘柄数はパッシブ運用で約680銘柄，アクティブ運用で約390銘柄だった。プライム・スタンダード市場の上場銘柄は3,271社なので，アクティブ投資家のエンゲージメント対象になるのは12％の企業しかないということになる。

投資家との対話機会が得にくいという企業規模が小さい上場企業に対して，東証は自主的な取り組み（投資家目線を意識した自社課題の検討や取締役会での議論，情報開示・IR等）のサポートを挙げた。

上場会社はグローバル投資家のレーダーに映ることが大切

東証の『株主分布状況調査』によると，2022年度末の投資家別の保有比率は外国人30.1％，信託銀行22.6％，個人17.6％，生損保4.6％の順だった。信託銀行の保有分にはアセマネ会社や投信，年金等様々な投資家の保有分が入る。投信は9.6％だったが，日銀のETF保有分を除くと2％程度と推計される。

上場会社はこれらの保有比率を見て，IR・SR活動のターゲットを決めなければならない。運用資産が大きい外国人投資家からみれば，日本株は中小型株の集まりにしかみえないので（キャピタルの"SMALLCAP World Fund"は時価総額約8,800億円以下を中小型株として扱っている），中小型株専門のファンドを除けば，国内アクティブ投資家以上に，時価総額が小さい企業とはエンゲージメントしにくいだろう。

時価総額が約5,500億円のニコンの徳成旨亮CFOは2023年6月に上梓した『CFO思考』（ダイヤモンド社）の中で，「日本企業はそれぞれが自社の特徴を精一杯アピールして，グローバル投資家のレーダーに映ることがまずは大切だ」と述べたが，その通りだろう。株価に影響を与えるのは株式の保有より売買である。

2022年度の投資家別売買シェアは外国人投資家が68％，個人投資家24％に対して，信託銀行と投信は2％台だった。この観点からも，上場企業は外資系運用会社（実際には日本人が運用していることも多いが）にアピールすることが一層重要になる。

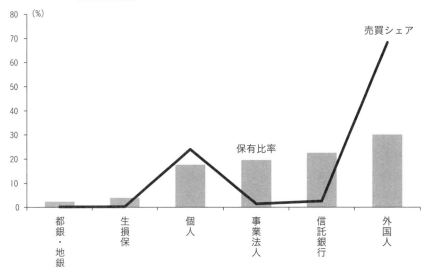

注：2022年度時点。保有比率は金額ベース，売買シェアは二市場の合計
出所：東証よりみずほ証券エクイティ調査部作成

「株主との対話の推進と開示」が評価できる企業

　IRが良い印象の荏原製作所は，2023年4月に発表したコーポレートガバナンス報告書が57ページと長かったが，同報告書で，ディスクロージャーポリシー，個人投資家やアナリスト・機関投資家向けの説明会の開催状況などを掲載した。

　JFE HDは，HPに株主・投資家との2021年度の対話状況として，インベスターズ・ミーティング（決算及び中期経営計画等）7回で約1,000人参加，個人投資家向け会社説明会（オンライン開催）2回で約10,000回再生などと開示した。

　大成建設は，2023年6月に発表した「株主・投資家等との対話状況について（2022年度実績）」において，アナリスト・機関投資家向けの年4回の決算説明会の参加者数を国内投資家，海外投資家，証券会社等に分けて開示し，投資家別の対話の実施回数も掲載した。

　日揮HDはHPで，「日揮グループでは，持続的な成長と企業価値向上には，

ステークホルダーとの対話（エンゲージメント）が必要不可欠であると認識し，積極的なコミュニケーション活動を展開している。定期的に経営・関係部署にフィードバックし，経営戦略に活かすとともに，財務情報だけでなく，非財務情報の積極的な開示に努めている」と記載した。2022年度に国内機関投資家16社及び海外機関投資家3社に面談を依頼し，そのうち14社と面談を実施した。対話が叶わなかった海外機関投資家に対しては，英文の面談資料を送付した。アクティブ投資家が79％，パッシブ投資家が21％だった。日揮HDは株主の関心事項として，①中期経営計画で掲げる財務目標の達成可能性，②自己株式取得についての今後の方針，③マテリアリティのKPIの設定，④人財及びダイバーシティに関する情報開示の充実，⑤人権デューデリジェンスの取り組みを挙げた。

2　GPIFのエンゲージメント強化型パッシブ運用

　株式運用の約9割がパッシブ運用であるGPIFは，スチュワードシップを重視したパッシブ運用モデルの1つとして，エンゲージメント強化型パッシブファンドを2018年度からアセットマネジメントOneとフィデリティ投信，2021年度から三井住友トラスト・アセットマネジメントとりそなアセットマネジメントに委託している。

　GPIFは2022年度の業務概況書で，「エンゲージメントのテーマや対象となる企業の幅も広がっており，各社の特長を活かしたエンゲージメントが着実に進んでいる」と述べた。さらに，「東証の低PBR対策を受けて，企業の取り組みや開示が拡大することが予想され，国内株式運用受託機関の多くが，以前から重大な課題として挙げてきた資本効率に関する実効的な対話がさらに進むと考えている」と述べている。

　GPIFは直接株式を運用できないため，運用会社を通じた運用やエンゲージメント活動を行っているが，それらの合計値を発表している。2022年に国内株式運用受託機関によって実施されたエンゲージメント社数は946社だった。これはGPIFが保有している企業数の40％，時価総額ベースでは94％に相当した。

　テーマ別対話は59％がガバナンス，23％が環境，18％が社会だった。GPIF

は2024年度にかけて,「スチュワードシップ活動・ESG投資の効果測定」を本格化するとしている。

図表10-4　GPIFのエンゲージメント強化型パッシブ運用

運用会社	運用開始時期	エンゲージメントの特徴
アセットマネジメントOne	2018年度	18のESG課題を設定し,問題意識(課題)や目指すべき姿(ゴール),目指す企業行動(アクション)を示し,エンゲージメント活動の方向性を明確化。重点企業を対象に各課題に基づいたエンゲージメントを行う
フィデリティ投信	2018年度	アクティブ運用のアナリストの知見を活かし,インデックスへのインパクトが大きい企業に変革を促すことで効率的にβを上昇させる。企業価値創造の観点からエンゲージメント議題を特定,エンゲージメントを行い,企業の競争力強化による収益性さらには成長性の向上を目指す
三井住友トラスト・AM	2021年度	トップマネジメント(会長・社長)によるコミットメント及び積極的な参画によりエンゲージメントを推進。マテリアリティをベースに決定した12のESGテーマで課題設定を行う
りそなAM	2021年度	統合報告書の現状分析を起点としたエンゲージメント。統合報告書の分析にあたっては,インハウスのAI技術を活用,統合報告書を分析する着眼点を評価項目として設定し,スコア化することで課題の所在を明確にする

注：2023年3月時点
出所：GPIF「2022/23年スチュワードシップ活動報告」よりみずほ証券エクイティ調査部作成

3　アセットマネジメントOneのパッシブ運用のエンゲージメントの成果

早稲田大学の宮島英昭・鈴木一功教授は2023年7月のecgi Finance Working Paper "Does Paying Passive Managers to Engage Improve ESG Performance?" で以下のように述べた。

GPIFは2017年にFTSEとMSCIのESG株価指数を採用し,2018年にパッシブ

運用で企業とエンゲージメントする運用会社にマンデート与えた。我々はアセットマネジメントOneからエンゲージメントに関するプライベートなデータを入手し，エンゲージメントの効果を分析した。

　アセットマネジメントOneは20のESGテーマに基づいて，エンゲージメントを行う。良いESGパフォーマンスの定義に関して，世界的なコンセンサスはない。パッシブ運用で企業とエンゲージメントを行うことと，企業がESG株価指数に採用されるためにESGスコアを上げる必要があることはシナジーがあると考えられる。アセットマネジメントOneはGPIFのために2018年度からエンゲージメントを行い，2021年度は571企業と合計2,292のテーマについてエンゲージメントを行った。

　我々はアセットマネジメントOneからエンゲージメントを受けた企業と受けなかった企業のESGスコアの差を比較した。アセットマネジメントOneからエンゲージメントを受けた企業のFTSEのESGスコアは，受けなかった企業に比べて大幅に改善した。絶対値で，アセットマネジメントOneのEに関するエンゲージメントはFTSEのEスコアに最も大きな影響を与えた。

　一方，MSCIスコアに対するエンゲージメントの効果は，Gを除くと小さかった。MSCIの比重平均法がEとSに関するエンゲージメントを捉えるのを難しくしていると考えられる。

　企業がアセットマネジメントOneとエンゲージメントを行うインセンティブは，ESGスコアを上げて，ESG株価指数に採用されて，GPIFの保有比率が上がることである。

4　企業とのどのような対話姿勢が評価されるのか？

　2021年12月に上梓された菊池勝也・東京海上アセットマネジメント編著『「対話」による価値創造』（日本経済新聞出版）で，塩野義製薬の手代木功社長は，機関投資家との対話について次のように述べた。

　　投資家に対して期待するのは，「企業はこうあるべし」とストレートに話してくれることです。この役割を果たしてくれるステークホルダー，即ち企業全体

を適切に理解し，業績に関する数値を分析したうえで，経営に対して中長期目線の提言をできるのは投資家しかいないと考えています。投資家に対しては，10年や20年といった長期の考え方の交換を「対話」のきっかけとしてもらって，価値創造の「対話」につなげていただけるとありがたい。短期的な業績の話は，単に経営者として数字を理解しているのかを確認するという程度の意味しかないと思います。対話の内容に進化がみられない投資家，例えば同じ質問しかしない投資家に対して，今の投資家への回答はテープレコーダーでよかったのではと感じることもままありますね。非常に厳しい局面で，ある投資家から「お前の会社のコアコンピタンスは何だ。研究開発力があるのであれば，しばらく我慢するから，研究開発に集中しろ」と言ってもらったことは大変ありがたかった。厳しい時期に「少しでも利益を上げろ」と言われたらどういう反応だったろうと思います。経営者としては，しっかりと見てくれる人がいるという感覚を持つことが極めて重要です。業界特性を理解し，またその企業にとって何が大切なのかを理解し，企業価値を上げるために，経営者をどう使ったらよいのかを常に考えている投資家と出会えることが，経営者としては大変ありがたい。

5　運用会社によるエンゲージメントの開示

　大手運用会社はスチュワードシップ・レポートや責任投資報告書などの名前で年に一度，議決権行使やエンゲージメントの実績や今後の取り組み方針などを発表している。

　三井住友トラスト・アセットマネジメントは「スチュワードシップ・レポート2022/2023」で，社名は匿名だが，鉱物資源の事業構成比率が高い製造業C社と，「PBR１倍割れの株価には，気候変動による座礁資産化リスクが織り込まれている可能性が高い。気候変動問題への対応と連動した事業ポートフォリオ戦略が必要だ」として，エンゲージメントを行ったと述べた。

　野村アセットマネジメントは「責任投資レポート2022」で，輸送機に属する企業のCFOと政策保有株式縮減に向けたエンゲージメントを行い，有報で完成車メーカー３社の株全ての売却等を確認できたと記載した。

　日本生命の「2022年対話及び議決権行使の事例集」は76ページにも及ぶ。そ

の中で対話事例として，「当社（ある企業）は2020年度から継続して，株主資本コストを超えるROEの目標設定や収益改善取組の推進と取組結果の情報開示を要望しておりました。その後，増収増益でROEが５％を超える水準まで改善し，さらに当該企業は，株主資本コストを上回る収益性目標としてROE8％以上を目指すことを中期経営計画で公表するなど，情報開示の面でも改善が見られました」と記した。

　英国の大手運用会社のベイリーギフォードやシュローダーは，エンゲージメントを行った日本企業を個別名で開示しているが，ほとんどの日系運用会社はエンゲージメントを行った企業名をA社，B社といった形で匿名での開示にとどまっている。

　そうした中，三井住友DSアセットマネジメントは「2022年度のエンゲージメント活動実績について」で，エンゲージメントを行った企業の事例として，しまむらとサプライチェーン・マネジメントの強化，ADEKAと情報開示の充実，ラクト・ジャパンとサステナビリティ経営の取り組みなどについて企業名を開示したことが特筆される。

　三菱UFJ信託銀行も「スチュワードシップ活動報告書2023」で，ファンドマネージャーが対話した企業の事例として塩野義製薬，T&D HD，中部鋼鈑を挙げた。こうした個社名の開示がもっと増えることが期待される。

三井住友信託銀行等がエンゲージメントの専門会社を創設

　2023年４月に，三井住友信託銀行，コンサルティング会社のコーポレイトディレクション（CDI）と経営共創基盤（IGPI），独立系運用会社のみさき投資系のみさきフェデレーション，京都FG，きらぼし銀行は，企業へのエンゲージメントを行うオープン・プラットフォームとして「MFA株式会社」を創設した。

　MFAは，金融機関・機関投資家など株主からの委託に基づき，投資先企業へのエンゲージメントを代理・助言する事業を行う。エンゲージメントの事例として，長期事業戦略・ビジョン，事業ポートフォリオマネジメント，次世代マネジメント育成，財務・非財務資本の有効活用，サステナビリティ経営などを挙げた。資本金は6,000万円で，出資比率は，三井住友信託銀行が36%，CDI

が25％，IGPIが20％，みさき投資が15％，京都FGときらぼし銀行が各々2％
だった。株式の持合が多く低PBRであるため，機関投資家からエンゲージメン
トを受けている京都FGが，エンゲージメントのプラットフォームに出資した
ことが興味深かった。

オールジャパンのグループエンゲージメント機関の設立提案

　IGPIグループ会長で，日本取締役協会会長も務める冨山和彦氏は，商事法
務2023年4月25日号に寄稿した「コーポレートガバナンス実質化改革の一番ピ
ン」で，大企業の経営者の能力不足を指摘したうえで，「オールジャパンのグ
ループエンゲージメント機関を官民連携で設立することを提案したい。幸か不
幸か，日銀とGPIF合わせて約100兆円の極めて巨額の上場株式を保有している。
仮に民間資金も併せて200兆円の資産が集まり，その0.01％を毎年拠出してエ
ンゲージメント機関を設立すれば，年間予算が200億円の専門機関を設立でき
る。ここに金融機関や戦略系コンサルティング会社出身のアナリストを集め，
企業分析を行わせ，企業に対して資産効率の改善及び成長力向上にかかわる資
産配分，資本政策，事業ポートフォリオ，戦略ピボット，ビジネスモデル転換
などの提案と対話を行わせる。年間200億円の予算があれば，100人以上の一流
のプロフェッショナルを集めることができ，1人当たり最低2社をカバーすれ
ば，200社以上の企業に対してエンゲージメントを行うことができる」と提案
した。現状，冨山氏の提案を実現しようという動きは出ていない。

　日銀はコーポレートガバナンス改革や保有するETFの処分法に関する発信
を行っていないが，市場関係者から日銀も保有ETFの議決権行使の基準を明
確にすべき，株高の今こそ，ETFの処分方針を出すべきとの指摘が出ること
がある。

6　大量保有報告制度の見直しが協働エンゲージ
　メントを促進

　複数の機関投資家が連携して投資先企業と対話することを協働エンゲージメ
ントと呼ぶ。1機関投資家の保有比率が小さくても，複数の機関投資家の合計

保有比率は大きくなり，企業に対して影響力を行使しやすくなる。

　機関投資家の協働エンゲージメントのプラットフォームとしては，機関投資家7社が参加する一般社団法人「協働対話フォーラム」があるが，協働エンゲージメントに成功しても，自社の成果のアピールにつながらないとして，参加しない機関投資家もある。生保11社は2022年度に，3つのテーマで151社と協働エンゲージメントを実施した。

　東証は低PBR対策の一環として，プライム企業に機関投資家との対話内容をコーポレートガバナンス報告書に開示することを要請したが，機関投資家から中小型企業と対話する余裕はないとの声が出ている。

　日本は大量保有報告制度の保有目的や共同保有の定義に不明瞭な点があるため，協働エンゲージメントを行い難いとの指摘が長年あった。金融庁が2023年12月に公表した大量保有報告制度の見直しで，重要提案行為や共同保有の定義がより明確になり，機関投資家の協働エンゲージメントがやりやすくなることが期待される。

　2024年1月に事業会社向けのセミナーで，大量保有報告制度の見直しがエンゲージメントを促進するかどうかを尋ねたところ，「機関投資家とエンゲージメントしやすくなりそうな点を評価したい」という意見と，「協働エンゲージが増えて，株主からの圧力が強まりそうだ」との声が拮抗した。

7　事業会社による運用会社のエンゲージメントの評価

　我々は2023年12月の事業会社向けセミナーにて，運用会社との対話・エンゲージメントに関するアンケート調査を取った。「運用会社の対話・エンゲージメントは年々改善している」，「役に立つ対話・エンゲージメント内容が増えており，経営陣にフィードバックしている」との回答が多数だった。

　対話・エンゲージメントが優れている運用会社の名前を挙げてもらったところ，三井住友トラスト・アセットマネジメント，アセットマネジメントOne，野村アセットマネジメントの順に多かった。エンゲージメント・チームの人数が多い運用会社が，事業会社に評価されている印象だった。

「資産運用立国実現プラン」の一環として，金融庁は大手金融グループに対して，①グループ内の資産運用ビジネスの経営戦略上の位置づけ，②運用力向上，③ガバナンス改善・体制強化を図るためのプランの策定・公表を要請したが，2024年1月末時点で13の金融グループが対応策を公表した。

三井住友トラストHDは「三井住友トラスト・グループの資産運用ビジネス高度化の取り組み」で，グループ内のスチュワードシップ活動やプロダクトガバナンスの有効性確認等を挙げた。みずほFGは「みずほの資産運用ビジネス強化プラン」に，スチュワードシップ活動の実効性向上やサステナブル投資への注力等を盛り込んだ。

図表10-5 運用会社との対話・エンゲージメントに関する事業会社へのアンケート調査

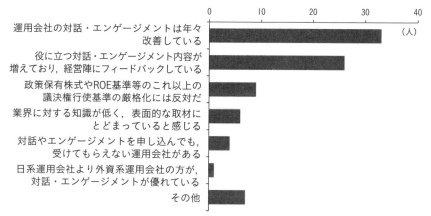

注：みずほ証券主催の2023年12月6日開催の事業法人向けセミナー「株主総会での機関投資家の議決権行使分析」における調査。回答者数71人。複数回答
出所：みずほ証券エクイティ調査部作成

8 低PBRに着目したシンプレクス・ジャパン・バリューアップ・ファンドと大和アセットマネジメントの投信

独立系運用会社のシンプレクス・アセットマネジメントが運用する「シンプレクス・ジャパン・バリューアップ・ファンド」は，投資先企業とのエンゲー

ジメントを通じて，バリューアップ型集中投資を行う。

　2008年２月の設定来，パフォーマンスは2023年末時点で269％に達し，2023年６月18日の日経ヴェリタスが掲載した５年の「シャープレシオ」で，アクティブ日本株投信の中で１位になった。この投信はバリューアップ型投資の運用プロセスとして，①キャッシュフローと資産分析に基づいた割安銘柄の発掘，②企業価値評価〜バリューアップ効果を見込まずに十分魅力的な投資対象の発掘，③経営者評価〜面談を通じ，企業価値向上のために協調できる投資先かを審査，④株価ドライバー分析を通じた，企業価値向上施策の特定，⑤企業価値向上施策を実行するためのコンセンサス作り，⑥企業価値向上のためのコミュニケーション，⑦投資期間を通じて企業価値向上の後にフェアバリューでの売却が目標，の７つを挙げた。この投信は他の公募投信と違って，毎月組入銘柄を開示していない。

　東証でアクティブETFが解禁されたことを受けて，シンプレクス・アセットマネジメントは2023年９月７日に，「PBR１倍割れ解消推進ETF」，「政策保有解消推進ETF」，「投資家経営者一心同体ETF」を上場させた。2024年４月12日時点の純資産は各々141億円，14億円，５億円で，「PBR１倍割れ解消推進ETF」以外は資金が集まらなかった。

　一方，大和アセットマネジメントが2023年９月25日に東海東京証券等を通じて販売した投信「日本企業PBR向上ファンド（愛称：ブレイクスルー）」の純資産は緩やかに増えており，2024年１月12日時点で約230億円と「PBR１倍割れ解消推進ETF」を上回った。2024年３月末時点の組入銘柄数は58で，上位５の組入銘柄はソフトバンクグループ，北洋銀行，住友電工，大同特殊鋼，九州FGだった。

図表10-6 シンプレクス・アセットマネジメントのアクティブETFの
純資産の推移

注：2024年4月12日時点。各ETFは2023年9月7日上場
出所：ブルームバーグよりみずほ証券エクイティ調査部作成

9　スパークス，フィデリティ，アムンディの
　　エンゲージメント投信

　阿部修平社長が経営する上場運用会社のスパークス・グループは，2014年に
設定された「日本株スチュワードシップ・ファンド（愛称：対話の力）」を運
用していたが，同ファンドの純資産は20億円にとどまっていた。

　一方，スパークス・グループが2023年5月に野村證券を通じて販売した「企
業価値創造日本株ファンド」の純資産は995億円と大きくなった。同投信は
「企業の長期的なパートナー株主として，良好な関係を築きながら粘り強く対
話を行っている。企業の事業戦略や資本配分，IR体制などの改善を促すことで，
企業の実態価値の顕在化に努め，株価上昇のカタリストの1つとなることを目
指す」と謳っているが，設定来のパフォーマンスは2024年3月末時点で23.7％
と，TOPIX（配当込み）の35.1％をアンダーパフォームした。2023年末の組入
上位5銘柄は全国保証，三菱重工業，東洋炭素，ルネサスエレクトロニクス

MARUWAだった。

一方，フィデリティ投信が2023年９月にSMBC日興証券を通じて販売した「日本バリュアップ・ファンド」の純資産は，2024年３月末時点で204億円にとどまった。フィデリティ投信は小さく生んで，大きく育てる方針のようだ。この投信は対話先企業を特定する切り口として，成長力，資本効率，規律経営の３つを挙げている。2023年末の組入銘柄数は33と集中投資しており，上位５組入銘柄はSWCC，ニチアス，住友ベークライト，ENEOS HD，コンコルディアFGだった。

フランスの大手使用会社であるアムンディの「ターゲット・ジャパン・ファンド」は，設定が，2000年８月という歴史ある投信である。議決権行使が企業との対話を通じて，投資先企業の企業価値向上に努めるとしている。担当ファンドマネージャーの交代はあったが，設定来のパフォーマンスは2024年３月末時点で＋851％と，TOPIXの＋82％を大きくアウトパフォームした。野村證券が積極的に販売したことで，純資産も888億円に増えた。PBRは0.84倍とTOPIXの1.52倍を大きく下回った。上位５組入銘柄はTOPPAN HD，リコー，しずおかFG，京都FG，テイ・エス テックだった。

【著者紹介】

菊地 正俊 （きくち まさとし）

みずほ証券エクイティ調査部チーフ株式ストラテジスト。

1986年東京大学農学部卒業後，大和証券入社。大和総研，2000年にメリルリンチ日本証券を経て，2012年より現職。

1991年米国コーネル大学よりMBA取得。日本証券アナリスト協会検定会員，CFA協会認定証券アナリスト。

日経ヴェリタス・ストラテジストランキング2017〜2020年1位，2023〜2024年2位。インスティテューショナル・インベスター誌ストラテジストランキング2023年1位。

著書に『低PBR株の逆襲』『日本株を動かす 外国人投資家の思考法と投資戦略』『米国株投資の儲け方と発想法』『相場を大きく動かす「株価指数」の読み方・儲け方』『日本株を動かす外国人投資家の儲け方と発想法』（日本実業出版社），『アクティビストの衝撃』（中央経済社），『良い株主 悪い株主』『株式投資 低成長時代のニューノーマル』『外国人投資家が日本株を買う条件』（日本経済新聞出版社），『なぜ，いま日本株長期投資なのか』（きんざい），『日本企業を強くするM&A戦略』『外国人投資家の視点』（PHP研究所）『お金の流れはここまで変わった』『外国人投資家』（洋泉社），『外国人投資家が買う会社・売る会社』『TOB・会社分割によるM&A戦略』『企業価値評価革命』（東洋経済新報社），訳書に『資本主義のコスト』（洋泉社），『資本コストを活かす経営』（東洋経済新報社）がある。

アクティビストの正体

対話と変革を促す投資家の戦略

2024年7月1日　第1版第1刷発行
2024年12月20日　第1版第3刷発行

著　者　菊　地　正　俊

発行者　山　本　　　継

発行所　㈱中央経済社

発売元　㈱中央経済グループ
　　　　パブリッシング

〒101-0051　東京都千代田区神田神保町1‐35
電話　03 (3293) 3371(編集代表)
　　　03 (3293) 3381(営業代表)
https://www.chuokeizai.co.jp
印刷／三英グラフィック・アーツ㈱
製本／侑井上製本所

© 2024
Printed in Japan

＊頁の「欠落」や「順序違い」などがありましたらお取り替えいたしますので発売元までご送付ください。（送料小社負担）
ISBN978-4-502-50481-5　C3034